奇跡の本

…あなたが奇跡に震えるとき

やさしさと安心感につつまれた、
あったかい本をあなたに捧げます

今日はあなたの心の新年です。
あなたの夜明けが始まります。
奇跡の日がやってきます。

はじめに・・・奇跡への招待

ある朝、わたしは潜在意識からこの本の題名を「奇跡の本」とするように応答を受けました。

わたしのホームページにある“奇跡の一週間”を実践したり、なっとくカンパ制の“奇跡のテープ”を聞いたりして奇跡的な出来事に遭遇した人は沢山いるからです。

「そんなことは信じられない」という声がわたしには聞こえてきます。思わず、そうつぶやいてしまった方、わたしはあなたに心の服を着せてあげたい、と思っています。寒々としている今のあなたの心が、ぽかぽかと暖かくなるようにやすらぎの服を着せてあげたいのです。

その服は「潜在意識の法則」というきらびやかなドレスです。このドレスは何でも思いをかなえてくれる魔法の服といわれています。これを着て、はなやかなステージに立って下さい。まだ、こんなドレスを見たこともない人は、この服の暖かさを味わって下さい。
そして、たどりつく奇跡を経験してください。

もしあなたが「その服は着たことがあるが、何の足しにもならなかった」と言われるのなら、他の人のステージを是非ともごらんになって下さい。「潜在意識の法則」があなたのすぐ周りで起している奇跡の数々を参考に、もう一度あなた自身の奇跡へと挑戦してみて下さい。

この本は前半の「てらさんの活動」にはインターネットでのわたしの取組み、「魔法の扉」には潜在意識の法則の説明とその使い方、後半の「奇跡のステージ」には、法則を使って起ったさまざまな不思議な出来事が記されています。できるだけわかりやすく平易に書いてありますが、これらはすべて事実です。

＊＊＊＊＊＊＊＊＊＊＊＊＊＊＊＊＊＊＊＊＊＊＊＊＊＊＊

あなたにも奇跡は起きます。

潜在意識の法則は、ジョセフ・マーフィーやナポレオン・ヒルをはじめとして、沢山の人が同じ根本の考え方を違った言葉で述べています。「魔法の扉」ではそれをできるだけわかりやすく説明します。「思ったことは実現する」というたったこれだけのことなのですが、奇跡を経験しないまま「いろいろ読んでやってみたが、やっぱりダメだった」とあきらめる人もいます。書いてあることは間違いなさそうなのに、自分のことになると物事が好転しない、という人が多いのです。

一方で、この法則を使って奇跡的な出来事に遭遇する人も確かにいます。その差の原因ははっきりしています。潜在意識にインプットがうまくできたか、できないかです。さらにこの法則を知らないで、自殺したり他人を傷つけたりする人もいっぱいいます。

わたしは平成8年11月に、少しでも法則を知ってもらおうと「てらさんのホームページ」を開き、潜在意識の部屋では法則を説明しました。その法則を実践するにあたって、わかりやすくまとめたのが「奇跡の一週間」と「驚異の1ヵ月」です。

その通りにやって人生が好転した人も数多いのですが、つまづいた時に「アドバイスがほしい」というメールが時々舞い込んできます。そこでメールのやり取りで成功しよう、という「てらこや成功塾」を思いつき、実行しています。塾生は100人を超えています。そのてらこや成功塾の中で起きた奇跡的な出来事や、わたしのところへ直接寄せられた成功例の報告などを、メールマガジン「てらさんのあったかメール」で読者にお知らせしています。

これらの「てらさんの活動」をこの本では最初に書きましたが、いますぐ人生を好転させたい人は第一部・第3章の「奇跡を起す」インプットの方法から読んで下さい。あなたの願いを潜在意識にインプットできれば、いますぐにでも奇跡は起るでしょう。

「奇跡のステージ」ではこのような実例を、本人からのメールで記してあります。これらの出来事は特別な人たちの話ではありません。あなたの周りにいる人たちです。ですからあなたも素直に共感できるに違いありません。ハンドル名やイニシャルで書かれていますが、すべて実際に起きたことです。良いことが潜在意識にうまくインプットできていない人は、これらを参考に人生をあなたの思うように好転させて下さい。

そしてその先には夢にまで見た、あなたが奇跡に震えるときがやってくるのです。

合掌

平成12年3月　てらさん

目次

第3章　[奇跡を起す]　インプットの方法

第二部　[奇跡のステージ]

第一部　［てらさんと潜在意識の法則］

第1章　［てらさんの活動］インターネットの素晴しさ

てらさんには、次のようなメールがいっぱい寄せられています。

てらさん、

久しぶりにメールします。

「必ず実現する」「絶対幸せになる」という断定の言葉がどれだけ私の心を助けていることでしょう。

この約10日間ほど、私を取り巻く環境がすこしずつ少しずつゆっくりと変わるのを感じています。派遣先の物事を悲観的に捉え、いつも悪口や文句を言う同僚の言葉も「悪の呪文」

のように聞こえ、まともに聞く気がなくなりました。すると、いつも疲労感を感じていた仕事もなんとくなくスムースに運ぶようになりました。人と会話をするのがおっくうでなくなってきました。私のやりたい仕事ではないので、これは私の成功への踏み石に過ぎないと思うようにしています。

金銭的にも小さな収入が、こまめに入ります。

こうしてすこしずつ小さないいことが起こり始め、あとは、もっともっと大きないいことや、私のいちばんの願いである幸せな結婚生活の実現を待つだけです。

昨日、滅多にない残業をして家に帰ると、遠距離に住む彼の町がテレビで特集されていて食い入るように見ました。私がもっと遅く帰ったら、或いはテレビなんか見る気にならなかったら見ることも無かっただろう風景と思うと、ものすごい偶然のような気がしてとても嬉しくなりました。これは、潜在意識が私にあきらめちゃダメだよと話し掛けてくれているのかも知れませんよね？

あったかメールいつも楽しみにしています。

奇跡と云えば、細かいのがホント沢山起こっています。

昨日の事ですが、以前とは反対に田仕事の手伝いを当たり前のような気持ちでやれた事により、子供達の成長がうかがえ、予定の時間よりかなり早く終わった事・義理父が喜び関係もスムーズに行った事・そして子供達は予定外の高収入のアルバイト代を貰えた事。全て、奇跡と思うのです。

後、まだ実感できないのですが、昨年の10月にてらさんのホームページを見出した頃から私の車を入れ替えたかったのですが、ずーとガマンしてたんです。先週辺りから、いよいよ限界でおじいちゃんの車を借りてたりして・・・でも、いい所、中古車だろうなぁ〜って思ってて、良い中古車が出たって昨日、スバル自動車に行ったんです。結果はデモカーを丁度、中古車として販売するところで、話しの中古車でなく、この新古車になりました。お金は全て主人が出してくれて・・・デモカーだから、ほぼ新車同様で。それもその車種では上ランクの車。まだ、実感が出来ません。ビックリです。車種は以前に欲しいナァ

〜〜と思っていた車種でした。

あったかメールに「全て神様が一番良いようにして下さるからまかせて」って、ありました。後、「注文した料理を待つ気持ちで」ってありました。この、言葉が好きです。

ここ一ヶ月くらいで、本当にいろんな気付きが沢山ありました。それにより、私は常に『全て良い事の前兆』『夜明けの前は一番暗い』を思い、他にもつぶやく言葉は決まっていますが、始めはその意味を実感できなかったのですが、今は心から実感できるのです。潜在意識への、沈着のテクニックも自転車が上手になるように段々と上手になってきました。言葉は思考だと、マーフィーの本に書いてありました。てらさんの仰ることも理解できる様になりました。自己啓発の本にも沢山めぐり合えました。

今は、事実を淡々と受け止め、より高い自分を目指しています。心に正直に生きることにより、心がこんなにも穏やかです。ふつふつとエネルギーが沸き上がってきます。不可能な事はないと思います。

ホントにいろいろとありがとうございます。てらさんや、あったかメールのお陰で、救われました。自分を活き返らせる、キッカケとなったのですから。

でも、これも全て、自分自身の因と果だと思います。こうやって、メールを書いていると自分自身の中で整理が行われます。これも有難い事です。

これからも、あったかメールを楽しみにしています。私のような人がこれからも沢山出てくると思います。

今後のてらさんの活躍を期待してやみません。

人が皆幸せになります様に。

さあ、潜在意識の法則という魔法の扉を開けましょう。

てらさんのホームページ

http://www.japan-net.ne.jp/˜terada/

てらさんのホームページ

20年ほど前、わたしは商売に失敗し生きている心地がしない時期がありました。借金は1000万円以上となって、返す当ては一生巡ってこないだろうと思い込んでしまいました。当時の女房にも愛想をつかされて夜の生活も全くなく、そこに紐があれば、首をくくっても何の不思議もない状態でした。

そんなときに偶然知ったのが「潜在意識の法則」でした。「マーフィー100の成功法則」（大島淳一著・産能大出版部刊）に衝撃を受けました。それはあたかも自分に向けて書かれた本のように感じたのです。

「おまえなぁ、あかん、あかんと思っているだろう。だからあかんのだよ。うまく行く、と思うだけで人生に奇跡が起きるんだよ」と、わたしに直接語りかけているように感じました。信じられませんでした。しかしこう考えました。「もし、この本に書いてあることが本当だったら立ち直れるだろう。だがうそだったとしてもだめだと思って死んで行くより、よくなると思って死んだほうがいい」ととことん落ち込んだものの強みです。

その日から2週間ほど「お客が沢山来る」というイメージを寝る前と起きてすぐにしてみました。すると本当にお客がやってきたのです。普通の人なら、ああ、そんな偶然もあるさ、程度に思ってしまうところです。

1．売り出しのチラシがよかった。
2．目玉商品が人を呼んだ。
3．それまで暖冬だったのが急に寒くなった。
4．当日、良く晴れた。
etc…

分析すれば、いくらでもお客の来た理由があげられます。しかし、わたしは「これは本物だ」と思ったのです。その思いがそれからの人生を好転させてくれました。

次に念じたのは「家庭の調和」でした。それはおつりをつけて願いを叶えてくれました。

離婚・商売閉鎖という紆余曲折があったものの、13才離れた若い女房が5年で借金を返してくれ、幸せな家庭を築くことができたのです。

もちろんそれからもとんとん拍子というわけではありません。苦しいときにはいろんな本を読み漁りました。ジョセフ・マーフィー、ナポレオン・ヒル、ブリストル、アール・ナイチンゲール、…潜在意識の法則に関する本を片っ端から読んで行きました。

自分の人生が落ち着いてくると、この法則を人に知らせたくなりました。「マーフィー100の成功法則」は人に何十冊、いや何百冊あげたかわかりません。しかし、気のない人はあげた本を読んでもくれません。それがだんだんわかると人を説得することをやめました。

インターネットが普及してくると、この新しいメディアが「潜在意識の法則」を知らせるのにもってこいのメディアだということに気がつきました。ホームページはテレビのようにほしくもない情報を押し売りすることはありません。人にやさしいメディアなのです。

「てらさんのホームページ」は潜在意識の法則をみなさんに知ってもらい、悩みを解決して幸せな人をふやしたいという目的で作られています。そこでわたしは「21世紀で一番沢山の人を幸せにしたい」と宣言しています。

「てらさんのホームページ」には、すけべな部屋があります。これは潜在意識を発見したフロイトが人を作っているのは「セックスとエゴ」であると多分考えていたに違いない、という思いからです。わたしは決して避けて通ることのできないことだと思っています。このページのおかげもあって、平成8年11月の開設から延べ90万人以上の人に見ていただいております。

潜在意識の部屋には次のような「天使さんの昔話」から話を始めています。

むかしむかし、あるところに神様がおりました。

人々は神様をおそれ、信頼し、中にははむかう人もおりました。恐れているだけの人にはみじめな人生が、信頼し続ける人には輝かしい人生が、はむかって暮らす人にはそれなりにむずかしい人生がそれぞれ贈られていました。

ところがある日、人々は神様が実は法則だと気付いてしまいました。その法則こそ、何でも思う通りになる「潜在意識の法則」なのだ！と。

神様というのは、この法則という名前の古い言い方・・・だったとさ。

…つまり、神というのは「潜在意識の法則の古い言い方」と説明しているのです。あなたもこの本を読み進んで行くと、なるほどと納得されるでしょう。

てらこや成功塾

「てらさんのホームページ」の中で潜在意識の法則の説明を展開し、誰にもわかりやすく応用できるように“奇跡の一週間”と“驚異の1ヵ月”を作りました。これは特に日本人にとって必要な条件などを説明したページです。一般的に潜在意識の法則の本はアメリカナイズされていて、日本人にはなかなかとっつきにくいので評判は上々です。

“奇跡の一週間”の中にある奇跡を呼ぶ技術は以下の7つです。

1. 緊張をほぐす
2. くつろぐ
3. イメージする
4. つぶやく
5. わるい思いをすてる
6. 許す

7．瞑想

これらの技術に従えば、あなたが出来ると思っていることはすぐにでもできます。できないと思っていることも、あなたの考えをかえることによってできるようになります。

“奇跡の一週間”を実践して奇跡を起す人がいるかたわら、なかなかうまく行かない人もいます。そういう人たちがわたしに直接メールで相談をしてきてくれます。答は実は自分の中にあるのですが、あたかもわたしが答を与えているように感じている人もいます。「てらさんはほんのちょっとのきっかけをつけたにすぎません。あなたの心がそうさせたのです」といつも言うようにしていますが、新興宗教の教祖のように感じる人があとを立たないようです。

天は自ら助くるものを助く、と言います。潜在意識の法則をよく研究すれば、自分の心の中に潜在意識という偉大なマシーンが眠っているのに気付くはずです。わたしのメールでの悩み相談は、それに気付かせるカウンセリングと言ってもいいかもしれません。

ホームページでその例として13ページに渡って掲載してある深雪さんの離婚の例は、その典型です。最初は夫の問題である、と感じていた深雪さんが結局は自分の問題なのだと気付くと解決していくのです。すべての災いの中に解決の芽があるのです。

この深雪さんと平行して相談を受けていましたまゆみさんとのやり取りから、「てらこや成功塾」の発想が生まれました。メールのやり取りだけで潜在意識の法則を勉強する塾が「てらこや成功塾」です。仏教でもともと修行者を表していた菩薩の名を借りて、ここの塾生を“ぼさつさん”と呼んでいます。ここには先生はいません。ですからわたしも「てらさん@ぼさつ1号」と名乗っています。

平成10年7月に始めたてらこや成功塾も今では3ヵ月で卒塾するシステムになっており、卒塾生が“おてつだいさん”として新しいぼさつさんとメールのやり取りをしていただています。自分だけではなく他人の幸せのお手伝いをする、というのがてらこや成功塾の醍醐味となっており、塾生は100名を越えています。

幸せを広げること、これがてらこや成功塾の目的です。

てらさんのあったかメール

ホームページをどんどん展開していくうちに、見てもらうのをただ待っているだけではなくこちらからもその時々の話題を発信したい、と思うようになりました。最初は今までにいただいたメールの相手に勝手に送りつけ、「そんなのあったか？」という意味も込めて“てらさんのあったかメール”と名付けました。平成10年1月のことです。読者は29名、わたしが感じたことを随筆のようにしたメールでした。

その年の6月になって「まぐまぐ」というところがメール・マガジンというものを配信してくれる、という情報が入ってきました。読者はまだ50名くらいでしたが、自分で配信するのはなかなか大変なものです。渡りに船でまぐまぐに依頼したところ、すぐに読者が250名に増えたのです。

この時、メール・マガジンは個人の情報発信としてのホームページに次ぐすごいメディアではないか、と感じたのです。メーリングリストのように、だらだらとした文章が何通も続くこともなくこれからの主流になるのではないか、と直感しました。

「てらさんのあったかメール」としての内容は、その後皆さんからの奇跡の報告やてらこや成功塾での素晴らしいやり取りなどに変って行きました。それは文章を考える暇がなくなってきたということの裏返しでもあります。ただし、現在ではメール配信はほぼ毎日、読者は１４００名を超えています。

さらに、メール友達のYASUMINさんの配信で「恋愛・ＳＥＸ　Ｑ＆Ａ」というメールマガジンも発行するようになりました。ここでは一番多い悩みの恋愛問題の質問を受け付けて、お答えするようにしています。こちらの読者は３０００名を超えています。

奇跡のテープ

「奇跡の一週間」を実践してみて奇跡を起した人は沢山います。セミナーなどで直接みなさんにお会いすると「実は奇跡的な出来事が…」と言っていただく人もいます。あったかメールではお知らせできない話もあります。

ところが一方で「なかなか願いが叶わない」というメールも沢山舞い込んできます。その中で一番多いのは「リラックスができない」というものです。もともと“奇跡の一週間”は、語り掛けるような文章で作ってあります。そのまま声に出して読むと良いように作ったのです。最初の発想通りこちらから語りかけてあげれば、リラックスもしやすいのではないかと「カセット・テープ」を作ろうと考えました。

そんな頃、たまたまＭＩＤＩ音楽を作っているViora さんと知り合い、平成11年の8月に音楽入りの「奇跡のテープ」が出来上がりました。これは評判を呼び、ダビングのしすぎでテープ・デッキが壊れるほどとなりました。その一番の原因はViora さんのクラシック音楽の素晴らしさです。あまりのできに最初の方で眠ってしまう人が続出しました。

この奇跡のテープで、人生が好転した人は数限りがありません。あったかメールでお知らせしている奇跡の報告はそのうちのほんの一部なのです。ホームページという目で見るだけのものよりも、耳から聞いて眠りに入れるというカセット・テープの利点が発揮されているからです。

その後、ＭＤ版や続編の「驚異のテープ」を付けた新版「こころを受容的にするテクニック」も作成しております。これらは定価はつけていません。聞いた人が納得してから振り込んでいただくという「なっとくカンパ制」を取っています。

ちなみにこの本「奇跡の本　…あなたが奇跡に震えるとき」の出版に際しても“ミリオン・クラブ”という出版応援のカンパを使わせていただいています。カンパのお金が他の人の幸せにつながりしかも何倍にもなって戻ってくる、というブーメラン効果が期待されるからです。

幸せを広げる。奇跡のテープにはそんな力も備わっているようです。そして、幸せをどんどん広げるために「てらさん」はこれからも活動し続けます。

第2章 ［魔法の扉］潜在意識の法則

さあ今から「潜在意識の法則」という魔法の扉を開けましょう。
これから起すあなたの奇跡の入り口です。

未開人が何の知識もなく初めてテレビを見たとしたら魔法のように感じるでしょう。丁度、あなたが潜在意識の法則という知識が全くなくて、法則を使ってしまったら「奇跡」のように思ってしまうことと似ています。あなたが法則を知ってしまえば「なーんだ」という事もこの本では奇跡と表現しています。

この魔法の扉では、そんな基礎知識が全然ない人でもわかるように「潜在意識の法則」を説明していきます。

古代人なら「神がやってくれる」と信じさせるだけで引き起こしてしまう奇跡は、文明人の余分な知識を詰め込みすぎた頭では説明と納得が必要です。宗教は、一つには信じるという潜在意識の力を使ってうまく生きていく知恵です。ですから本質的にはどの宗教が良くてどの宗教が悪いということはありません。今あなたの信じている宗教のまま、潜在意識を使っていただいてかまいません。

科学しか信じていない人は潜在意識の法則を科学的に理解して下さい。どんな人にも奇跡は起ります。

19世紀最大の発見

19世紀には私達の行動は、意思によるものだけと考えられていました。ところがどうもそうではなく、意識の奥深いものがあってそれが行動を縛っているのではないか、と気がついて、これを潜在意識と呼んだのが精神分析学者のフロイトでした。この発見を19世紀最大の発見と言う人もいます。

やろうとするのに何かしらやりたくない、という漠然とした思いから、虫の知らせや正夢まで、実は潜在意識の働きなのです。

フロイトは、精神病の患者を、本人の話を聞きながら治療して行くという臨床的治療を確立しました。女性に多いヒステリーやノイローゼの治療にあたって、忘れていた過去がネックになっていることに気づいたのです。

例えば特定の机の前に立つと発作が起きてしまう女性の患者の過去を聞き出していった

ときに、初夜のつまづきがその原因となっていたことがあります。何十年も前の結婚初夜、夫が急性のインポテンツでＳＥＸができなくて隣の部屋から何度も走ってきて試みたそうです。その隣の部屋には机がありました。意識では忘れていたものが、潜在意識は覚えていて、机の前に来ると発作を起こさせたのです。

つまり、意識は「昔の悪い過去を認めたくなくて」忘れてしまっていたのですが、潜在意識には「いやなこと」とインプットされていて、発作を繰り返させていたのです。

私達が潜在意識と上手に付き合うようになれば、このようなことはなくなります。「てらこや成功塾」では“こころの調査票”というレポートをメールしてもらっています。これは、小さい時の「忘れた思い出」がひょっとして潜在意識に悪影響を及ぼしているかも知れないことを早期に発見するためです。

しかも、このようなケースでは過去を思い出すと治ることがあります。「認める」ことが治療となるのですみなさんもこの本で潜在意識の働きを知り、上手に利用して下さい。それでは潜在意識とは一体どんなものなのか、いよいよ魔法の扉が開かれます。

潜在意識の働き

大発見や大発明はどんな心のメカニズムでされるのでしょうか？

宗教でガンが治ってしまうのはどういうわけなのでしょうか？

火事場の馬鹿力はどこから出て来るのでしょうか？

一方で苦しんでいる人がいるのに、一方ではスイスイと生きている人がいるのは何故なのでしょうか？


これらの答はすべて潜在意識の働きの中にあります。特定の才能の持ち主にしか働かないわけではありません。特定の宗教に力があるわけではありません。それは、誰にでも最初から備わっている潜在意識の働きなのです。

人間の心は意識（顕在意識）と呼ばれる部分と、潜在意識と呼ばれる部分から成り立っています。同じ心なので、自分自身で「これが意識、これが潜在意識」とはっきり分けることはなかなか難しいことです。

わたしたちが感じ、思っていることは意識です。その奥底に眠っている潜在意識は全体の90％と言われています。丁度、海に浮んだ氷山のように、表面に表れた部分は、ほんの少しなのです。

領域のはっきりしない意識と潜在意識ですが、この2つは正反対の性質をもっています。それは、意識の方は強制できて暗示にはかからない、潜在意識の方は強制できなくて暗示にかかりやすい、という性質です。

何かを思おうとすれば、思えますね。意識は強制できるからです。しかし、わたしが「あなたは猫です」と言ったところで、猫だと思ってしまう人はいないでしょう。暗示にはかからないからです。

潜在意識はこの逆の性質を持っています。「一生懸命頑張ったのにダメだった」というのは、潜在意識には強制が効かないからです。ところが占い師に言われたことがその通りになってしまうことがあるのは、暗示が潜在意識を動かすことができるからです。

催眠術は、意識をできるだけ取り去って潜在意識に直接語りかけるものです。催眠状態で「あなたは猫です」と暗示をかけて、本人がそのように思ってしまい猫のようにふるまうのは、潜在意識が反応したからです。ただし、これは一時的効果しかありません。

催眠療法はこの効果を持続させていこうとする方法です。

このような潜在意識が、生まれてからの経験以外の不思議な力をもたらすことがあります。それは、一般に言われている個人の潜在意識のもっと奥深いところには民族や人類の精神があり、さらには宇宙の源にまでつながっているからです。

つまり、昔の人が神と考えたものが「潜在意識の力」である、ということが言えるのです。潜在意識は暗示に弱いのですから、神を信じている人がその力を利用しやすいことがこれでわかります。

ですから、わたしは宗教を否定はしません。信じるということは、潜在意識を動かす一つの方法だからです。どんな宗教でもそれは言えます。ただ、儀式・教義・信条などで間違った強制がされることがあります。それだけは注意して下さい。

宗教以外にも潜在意識を上手く利用する方法はいくらでもあります。山登りは一つの道だけとは限りません。ただし、一直線に登ることが逆に危険なこともあります。この本にある方法は、その中でもかなり楽な誰にでもできる方法です。簡単に奇跡を起すことのできる方法です。

さて、潜在意識の働きは大きく分けると次の4つに分けられます。

記憶の倉庫

生命を司る

超能力
物事を実現させる
これを1つずつ見て行くことにしましょう。

記憶の倉庫

現代の科学は記憶に関しては、脳の研究ばかりで潜在意識の領域にまではなかなか踏み込んではくれていません。そのために世間一般では預言をすべてオカルトと見てしまうなど、正しいものとインチキなものとを混同してしまっています。

脳は記憶を出し入れする場所ですが、その記憶は潜在意識に貯えられています。潜在意識の三つの階層、個人・人類・宇宙のそれぞれのレベルから引き出してくることができるのです。

試験の時に、あせって単純なことが思い出せないのは潜在意識は強制できないからです。リラックスしてしまえば、すっと思い出すことができます。記憶が脳にしまわれているのなら、意識で強制して思い出すことは簡単なはずです。

個人の生まれてからの記憶が葛藤のあるまま潜在意識にしまわれてしまうと、意識の思ったままにはならないことが起ります。SEXのつまづきがヒステリーの原因になったりするのはこのためです。

人類の記憶もここにしまわれていますので、爬虫類を嫌いな人が多いのは、太古に人類が危険な目に会った記憶のせいだとも言われています。

さらに宇宙の記憶はこの世の中のすべてのものが詰まっていますので、そこから引き出されたもので大発見・大発明がなされるのです。

このように以下の潜在意識の三つのレベルから記憶は引き出せます。

1．個人の潜在意識
2．民族（人類）の潜在意識
3．宇宙の根源としての潜在意識

特に大切なのはやはり個人のレベルの潜在意識です。生まれてから現在までの記憶はここに収まり、いつでもここから引き出せます。引き出せないのは意識が邪魔をしているからです。わたしがメールで相談を受ける中で、小さい時の出来事がネックとなっていることはよくあります。しかも本人はそれに気付いていないのです。

嫌いな食べ物の原因が、実は小さい時のいやな思い出にあったなどというのはこれです。意識では忘れてしまっているのに、潜在意識はきちんと覚えていて体の中に入ってくるのを受け付けないようにされているのです。その記憶を意識的に思い出してはっきり認めると「きらいではなくなる」ことがあります。意識が変わると潜在意識に伝わっていやな思い出が中和されるからです。フロイトの臨床的な例のように、ＳＥＸのつまずきがノイローゼやヒステリーの原因となっている患者がそのことを思い出すと治ってしまう、ということがあるのはこれと同じです。意識が素直に認めると潜在意識はそれに従ってすぐさま変化します。

わたしたちはこの力を正しく使うことで不思議な体験ができます。さらに宇宙の根源からの記憶を引き出せばあなたも大発見ができる可能性があります。奇跡のステージの例などからその使い方を学んで大いに利用しましょう。

生命を司る

潜在意識は生命を司っています。わたしたちが何も考えなくても、つまり意識を働かさなくても、息をしています。血は体中を循環していますし、消化器は食べ物を消化しつづけています。酔っぱらっていても家に帰ることができます。

潜在意識は生命を司っているからです。

ところがこれを邪魔するのが意識です。悪い意識にとらわれつづけることで人は病気になります。宗教でガンが治るというのはあながちインチキばかりとは言えません。信じる、ということで潜在意識の力をストレートに利用できれば、そのようなことは可能です。

といっても、医者はいらない、というわけではありません。病気になったこと自体が、何か悪い意識をインプットしつづけたせいなのですから、それをすぐに取り去るのには無理のある場合が多いからです。意識を決定的に変えることが難しい人は医者を信頼して治療してもらうべきでしょう。静かな受容的な心を持ちつづければ、病気のみならず事故や災難から助け出してもくれます。災害などで奇跡的に生還した人は、生命を司っている潜在意識の力を利用したのです。

普段からそのような事故に遭わないためにも、潜在意識とうまく付き合っていく必要があります。時として危険を察知してあなたを助けてもくれるからです。そして、起きてしまった災難には、守ってくれ助け出してくれる潜在意識の力を利用してそこから抜け出すことです。

意識が変わると潜在意識が変わり、すべてのことが好転して行くのです。それは潜在意識があなたの生命を司っているからです。

超能力

現代の科学ではまだよくわかっていないものの1つに超能力があります。人間の能力を超えたもの、という意味なのでしょうが、これは本来人間に備わっている力です。その力は潜在意識にあります。

代表的な超能力は透視と透聴です。これは訓練をすれば誰にでもできる、と言われています。なくしたものを捜す場合に、心をゆったりとして「ある場所を教えてください」と潜在意識に語りかけると、その場所が、頭の中で見えたりします。

てらこや成功塾の中でも例は沢山あります。これらはすべて潜在意識の力です。もともと備わっている超能力をそこから引き出すことができた時に不思議なことが起ってしまう。これを人は超能力と呼ぶのです。

以下はまれみ@ぼさつ32号さんの単純な例です。

てらさん、お忙しいところ、失礼します。

とってもうれしいことがあり、聞いてもらいたくなりました。

てらさんがホームページでも書いてらしたと思うのですが、馬券を的中させてしまいました。

競馬をやったことはそれまで3回だけでした。
馬の情報はもちろん、馬の名前すら知りませんでした。
競馬場へ行く電車のなかで、ボーっと目をつむり、何番の馬にしようかなと思っていたところ、
「8」という数字が浮かびました。
そして、「8」を単勝で買いました。

そうしたら、やはり、的中しました。
本当に、びっくりです。

当たったことより、もうかったことより、
やっぱり潜在意識はすごい、という発見のほうがうれしかったです。

中学生の頃はよく、テストでわからない問題があると、
目をつむり、ボーっとすると、番号が浮かびました。
その番号は必ず当たっていました。

でも、なぜかはわからなかったし、そういうことを信じなくなって
いたけれど、あのころは自然に潜在意識を使っていたのだな、と思いました。

この強力な力が自分の中にあるなんて。
これからはもっと建設的なことに使おう！

と、心に決めました。

物事を実現させる

潜在意識の働きの中で最もエキサイティングなのが、物事を実現させる働きです。潜在意識にインプットされてしまったものは自動的に現実となってしまいます。

良いことを思っていると良いことが起きます。悪いことを思いつづけると悪いことが起きてしまいます。

意識で思ったことが、潜在意識にまで到達した時に実現するのです。つまり、願望をうまく意識から潜在意識へと引渡しできるようになれば、何でも思うようになるということなのです。

潜在意識を動かそうとするには、潜在意識の性質を見極める必要があります。それは記憶の話の中で言いましたように、意識と違って強制はできないが暗示に弱い、という性質です。

意識がいくら強く「金持ちになる」と思っていても、強制は効きませんので金持ちにはなれません。試験の時に強く「思い出そう」とすればするほど思い出せないのと同じです。

リラックスして潜在意識に引き渡すと潜在意識を動かしやすいのは、暗示に弱いからです。試験が終わってほっとしたとたん思い出す、というのもリラックスして記憶の倉庫である潜在意識から答を引き出せたからです。

潜在意識への引渡しは時間と場所を選ぶことが大切です。意識は強制できるが暗示にからない、潜在意識は強制できないが暗示に弱い、という全く逆の性質を利用することです。意識をほとんどなくして潜在意識が表層に出てきた瞬間をとらえると効果があります。眠りに入る直前は一番インプットさせやすいタイミングです。

ですから、眠る直前に「金持ちになる」という暗示をうまく与えつづけると金持ちになってしまいます。これが潜在意識の最も驚くべき魔法の扉とでも言うべき働きなのです。

第3章 ［奇跡を起す］インプットの方法

山登りの道はいろいろあります。

同じように、潜在意識へのインプットの方法もいろいろあります。昔の修験者のような苦行もあれば、心穏やかにスイスイとインプットできる方法もあります。

ここでは、てらさんのアドバイスの経験から誰でも簡単にインプットされやすい他者暗示、自己暗示、イメージする、つぶやくを説明して行きます。初めての方が取り組みやすいのは自己暗示のリラックスをした状態でイメージをすることです。即効性を期待される方は、それだけでも奇跡が起きてしまうかも知れません。

そして、奇跡に震えてみましょう。

他者暗示

潜在意識にインプットされたものは、なんであれ実現してしまいます。

何らかの理由で潜在意識に直接語りかけることに成功すれば、その語りかけた物事の通りになるのです。そこで、潜在意識は暗示に弱いのですから暗示をうまく使うことが効果がある、ということになります。その暗示を大きく分けると、他人から受ける他者暗示と、自ら行う自己暗示の２つに分けられます。

初めて船に乗った人に「あなた顔色が悪いですね。船酔いされたのではないですか？」と言うと、本当に船酔いしてしまうことがあります。これが、他者暗示です。ところが、同じ言葉を船乗りに言っても問題にされないでしょう。意識がその暗示をはねのけるからです。

このような他者暗示を見世物にまでしてしまったのが催眠術です。被術者の意識をできるだけ取り払い、潜在意識を表面にまで出して直接命令をします。潜在意識は暗示に弱いですから、被術者は「あなたは猫です」と言われれば猫のようになって振舞ってしまいます。もちろん意識の強い人はかかりません。

ただし、催眠術は一時的な効果しか持たないのが一般的です。それを応用したのが催眠療法で、一時的な効果を利用してその人の性格まで変えてしまうことも可能となります。心理カウンセラーも言葉のやり取りでこのような効果を引き出しています。

宗教や、流行などにも催眠的な作用があってある一定の方向に行き過ぎてしまう、ということがあります。悪徳宗教や催眠商法はその悪用です。

てらさんに報告される実例で多いのは「てらさんとメール交換ができて嬉しい」とそれだけで舞い上がってしまい、その結果本当の奇跡を起してしまう、ということです。これは多分に危険性をはらんでいます。何が正しいことなのかをしっかりと認識した上で取組むべきだ、とわたしは思います。

つまり、他者暗示に期待することは本来的なものではなく、自らがしっかりした「こころ」を確立しないといけない、ということです。他者暗示は補助的役割として使うべきなのです。

自己暗示

昔からいろいろな瞑想法が作られてきました。

潜在意識の法則の見地から見てみますと、瞑想は自己実現の1つの手段となります。ヨガ・気功・座禅なども思いを実現させるためのワンステップと、とらえられます。ところが、一般的には瞑想自体を楽しむだけに終るような傾向があります。

思いを実現させるためには自己暗示の手段として瞑想をとらえてください。自律訓練法やM・T法などいろいろありますので、あなたに合ったものを見つけてください。

どんな方法でも「潜在意識に願望をインプットする」という目的があれば、1つの方向性が見えてきます。潜在意識は強制できず暗示に弱いのですから、力を入れて頑張るよりもリラックスをした方がいい、ということです。そのリラックスの方法の1つが瞑想というわけです。そして、その補助手段として照明やBGMやアロマ・テラピーがあげられます。“奇跡のテープ”のＢＧＭや、宗教の儀式に香をたくのもこのような意味があるようです。これらも自分に合ったものを選ぶことが大切です。

さて、自己暗示をまだ利用していない人やどれを選ぼうか迷っている人のために、自分でできるリラックスの方法を書いておきますので参考にして下さい。

最初から最後までゆっくり行うと5分くらいはかかるかもしれませんが、慣れたら途中を省いたりしてかまいません。まず、仰向けに寝たり椅子に深くかけたりして緊張をほぐしてください。そして、自分の体にくつろぐ命令をして行きます。

つまさきよ、くつろげ。
くるぶしよ、くつろげ。
ひざよ、くつろげ。
腰よ、くつろげ。

おなかよ、くつろげ。
心臓よ、くつろげ。
肺よ、くつろげ。
肩よ、くつろげ。

ひじよ、くつろげ。
手よ、くつろげ。
首よ、くつろげ。
顔よ、くつろげ。
頭よ、くつろげ。

体全体がリラックスしたら、自分の体が丸太の流木となって湖にぽっかり浮かんでいる、と想像して下さい。たいへん気持ちがよくなりました。いい気分です。

湖の水はあたたかくなってきました。足の先から順番に腰から胸、肩、顔までぽかぽかとしてきたことを感じて下さい。

山から涼しい風が吹いてきました。頭だけはひんやりしてきます。

心も体も、しんからリラックスしてきました。

このような感じでリラックスできたら、願い事がかなえられた想像をします。ビデオ・ドラマのようにして毎日同じものをイメージするのが良いでしょう。

これを1日に2～3回行います。夜、眠る前が最も効果があるようです。眠りは意識がなく、潜在意識の状態だからです。

イメージする

潜在意識にインプットする方法はいろいろありますが、誰でも簡単にできるのは自己暗示でイメージすることです。イメージは作りやすい、というだけでなく興味のあることを楽しんで続けられるという利点があります。

大切なのは途中経過はいらない、結果だけでいい、ということです。てらさんへのメールで一番多い結婚の例でお話しましょう。

「彼がそっけなくて困っている」
「今、付合っている彼が既婚者だったら…」
「この人は潜在意識が連れてきた人でしょうか？」

これらはすべて、過程を重視しているから迷ってしまうのです。現実を直視しないことがイメージを確立させるポイントなのです。理想の伴侶と楽しい結婚生活をしているイメージ・ドラマを創りましょう。最高の結婚をして理想的な生活を送っているある1日をドラマにしてしまうのです。そして、その中の最高のワンショットをいつもパッと思い浮べられるようにして、眠る寸前にはこの場面を見るようにして下さい。

イメージ・ドラマは、できるだけ現実に近いように、色や言葉はもちろんのこと匂いや感触・雰囲気まで現実のように想像することがより効果を高めます。

このイメージを続けていると、その中のドラマが勝手に動き出したり、夢で見たりします。てらさんあてのメールにも「自分の結婚式を夢で見た」という報告が時々来ます。しかも現実はそれに続きます。

「イメージがうまくできない」「イメージの途中で悪いことを考えてしまう」というのは、大抵は力みすぎです。リラックスができていないのです。潜在意識は強制が効きませんから「インプットしてやろう」と頑張れば頑張るほど逆効果となってしまうのです。

このような場合にはもう一度、自己暗示のリラックスをゆっくり試みてください。意識が邪魔をしないような状態を作ってしまいましょう。完全にリラックスができれば潜在意識が暗示にかかりやすくなるのですから、意識が邪魔をすることはなくなります。

その最高の状態は眠る寸前です。眠りは潜在意識だけの世界だからです。あなたがしたい、なりたいその結果のイメージ・ドラマを創って、それを眠る前にインプットしましょう。眠る寸前にはその最高のワンショットを思って眠りに入りましょう。

イメージの力は強力です。潜在意識にインプットする最高の方法と言ってもかまわないでしょう。

つぶやく

どうしてもうまいイメージ・ドラマが創れない人や、イメージすることがストレスにまでなってしまったりする人もいます。リラックスの下手な人に多いのですがこのような場合は、イメージをやめてつぶやきに変えましょう。

短い言葉をつぶやくことも潜在意識にインプットする有効な方法です。

一般に日本人はキリスト教徒の祈りのような長い文章を繰り返すことには慣れていません。しかし、念仏や題目のように、短い言葉の繰り返しは受け入れられています。

短い言葉をあなたなりに選んで、つぶやきましょう。例えば「富・成功・健康」と心をこめてつぶやきます。富、と言う時にはあふれる富を実感します。成功、と言う時にはまわりに尊敬されている気持ちをこめてつぶやきます。健康、と言う時には神のような完全な体を確信します。

このように心を「富と成功と健康」にふさわしいものにしてゆくのです。口先だけの言葉も全く効果がないわけではありませんが、できるだけ感情を込めたほうが効果が高いのです。

寝る前のイメージも、眠る直前にはつぶやきに変わってしまってもかまいません。眠る直前は潜在意識に最も近いのでインプットさせやすいのですが、長いイメージ・ドラマは初めの方だけで終わってしまったりするからです。つぶやきを上手に利用して下さい。

イメージが下手な人はつぶやくだけでもかまいません。日常生活で必要な時もあります。例えば、いやな人と会う時に「天が私の味方なら、誰が私に敵対できようか！」と心の中でつぶやくと自信がわいてきます。会社が忙しくて苦しい時に「会社は楽しい、仕事は楽」とつぶやきますと仕事がスイスイとこなせることがあります。

てらさんのホームページには、このような言葉があふれています。

夜明け前は一番暗い
ピンチはチャンス
お金は雪崩のごとく流れ込んでくる
天の富には常に余剰がある
奇跡は必ず起きる
すべてはうまく行く

あなた自身に合った自分なりのつぶやきを使って、有効に利用して下さい。好きな言葉を「ぶつぶつ言っていた」だけで人生を好転させた人もいます。

自分に合った方法

他者暗示・自己暗示・イメージ・つぶやき、と見てきましたが要はあなたに合った方法を身につけることです。潜在意識にインプットしたものはすべて実現してしまいます。逆にこのような方法に頼らなくても物事がスイスイとうまく行ってしまう人は、すでに心構えが出来上がっているからです。自信のある人は何でもうまく行ってしまうのです。

あなたの心の中を調べてみて、すべてが良い思いに満たされていれば良いことばかりが起きるでしょう。本来、潜在意識から生ずるものは自然であり、不自然なものは人間の意識の間違った思いから発しているのです。

貧困・病気・事故・不和・不運など、良くないことの起る原因はすべてあなたの心です。今、あなたがそのような状況に置かれてしまっているのなら、まず最初にすべきは心の中をくまなく調査することです。そしてその原因を1つずつ取り去って行きましょう。すべての心の原因が取り去られた時に良いことばかりが起きるでしょう。

このような心になるために宗教があります。宗教の本質は、儀式とか教義にあるのではなく心を整えることにあります。もちろん、信じる対象にあるのでもありません。何を信じようと、どんな宗教であろうと、スイスイ生活して行くことは可能です。間違った偶像崇拝でも、信じ切れば奇跡は可能です。力はその偶像にあるのではなく潜在意識にあるからです。

てらこや成功塾のぼさつさん（塾生）の中にも、イメージやつぶやきをわざわざしなくても思うようになってしまう例がよくあります。こころが受容的になるとすべてのものが受け取れるからです。

てらさんのホームページには次の7つの「こころを受容的にするテクニック」が書かれています。

1．感情をコントロール

2．プラス思考
3．勝ちグセをつける
4．正しいイメージ作り
5．感謝
6．潜在意識に聞く
7．あきらめない

奇跡のステージの例などを参考に、こころを受容的にするあなたなりのやり方をつかんでください。

こころの奇跡

折角、潜在意識にインプットできてもあきらめてしまう人がいます。

てらさんへのメールの中でかなり多くの人が奇跡を目の前にして「やっぱりダメか」とくじけそうになっています。それを超えると素晴らしい夜明けが来るのに夜明け前の一番暗い時期に負けてしまうことがあるのです。あと一歩の人をいかに奇跡へと導くのかがてらさんの役目にもなっています。

ある時、このあたりのことを考えていると突然次のことにひらめきました。それは、現実の奇跡の前に「こころの奇跡」がある、ということです。これに気づいた時には涙が出て止まりませんでした。

今までの奇跡的な出来事の報告には、かなり共通して奇跡の起きる前にその人の心が劇的に変わってしまう、ということに気づいたからです。

潜在意識へのインプット
←こころの奇跡
←現実の奇跡

このようなパターンがよく見受けられるのです。とすると、「こころの奇跡」の起った人は、後は現実の奇跡を待つだけでいいということになります。もちろん、「こころの奇跡」を感じないまま現実の奇跡を起してしまう人もいます。ただ、こころの奇跡を実感した人がこれを知ればもう後戻りすることはないでしょう。

こころの奇跡は、潜在意識に対して受容的になった心を持てた、ということです。潜在意識にインプットされたかどうかを確認することはなかなか難しいのですが、このこころの奇跡はその1つとして覚えておくべきでしょう。

さあ、後半のページは奇跡的な出来事の実例です。それらの実例を見てあなたがこころの奇跡を起し、現実の奇跡を起し続けますように。

第二部

［奇跡のステージ］

ここではみなさんの実例を紹介しますが、その前に問題別のポイントをお話しておきます。

1. 自己実現させる

私達は、自分のしたいことをし、なりたいものになるために生まれてきています。心のそこからの欲求は、神様からの贈り物と言っても良いでしょう。

真の欲求に嘘をついてはいけません。潜在意識はあなたのその嘘をまともに受けてできなくさせてしまうからです。

あなたがしたいこと、なりたいもののイメージ、ドラマを創り出して、リラックスしながら潜在意識にインプットすれば、遅かれ早かれ実現します。これが昔、神と呼ばれた「潜在意識の法則」の力です。

期待と信念と繰り返しでインプットしようとしているのに実現されないのは、マイナスイメージが強いのか、祈りの仕方が良くないのか、そのどちらかが多いのです。

実例を通じてイメージとインプットの方法を少し変えて見ましょう。あなたの思いは必ず実現されます。

自己実現は人生の目的です。

2・経済状態の克服

富と言うのは良い心が現れた状態です。貧困と言うのは良くない心でいっぱいになった結果の現実です。

経済状態がよくない人は「間違った気持ちを持っていて、それを経済状態にまで到達させてしまった」という事実をありのままに受け入れなければなりません。

「借金がなくならない」「返済ができない」ｅｔｃ…という悪い気分でいる限り、いつまでたっても現実が好転しないのは、それを率直に認めていないからです。

今の状態をありのままに受け入れたら潜在意識の法則に従って、現実を動かしましょう。

1．リラックスする
2．お金があふれている生活をイメージする
3．「富」をつぶやく

“奇跡の一週間”を坦々と実行してみることも効果的です。

そして、何が起きるか心をワクワクさせながら潜在意識からの贈り物を待ちましょう。

あなたの心に従って、奇跡は必ず起ります。

3・人間関係の改善

この世の中のすべての出来事は、あなたの心が原因です。

人とうまく行かないのは「他人」のせいではなくて、あなたの心が作り出した「他人という結果」のせいです。端的に言えば、あなたが人を呼んでいるのです。あなたの心が原因なのですから、あなたの心を変えればその人も必ず変わってきます。あなたの思うことに従って変わるのです。

その変わり方は2通りあります。1つはその人の言動が変わってしまうこと。もう1つは違う人が現れることです。

恋愛や結婚の場合は「現在の相手」がより良く変わってしまうか「新しい人」が現れる

かのどちらかです。職場の人間関係の場合は、新しい職場が見つかることもあります。

その方法としては、相手を許してうまく行っているところをイメージすることが有効です。また、いやな人を消し去るには潜在意識に預けてしまうことも効果があります。

この本やホームページを参考にして、それぞれの方法で人間関係を良くしていって下さい。

不思議なことがまもなく起ります。

4・病気を追い払う

病は気から、と言われても「病気が治る」とはなかなか思い込めないものです。

今のあなたが病気なのは、これまでに潜在意識にまで届くほどの悪いイメージや思いをインプットしてしまったからです。それを今急に「良いイメージにしよう」とするのにはやはり無理があるのです。

病気は病気としておいておいて、違った角度から自分を見直してみましょう。少なくとも病気をあれこれ分析するのは決してしないで下さい。

・
1. リラックスする
2. 悪い思いを捨て去る
3. 健康になったイメージをする

病気の人は、特にゆったりとリラックスすることが効果的です。軽い心身症は、これだけで治ってしまうこともあります。

人は本来、健康です。何かの間違った思いがあなたを病気の状態にしているだけです。すべてのものは過ぎ去ります。新しい青写真は「健康」のイメージです。「病気が治る」と思ってはいけません。病気に固執しやすいからです。人は本来健康なのだ、と心から思って下さい。

本来の自分を取り戻すだけで奇跡が起きます。

さて、潜在意識の法則をうまく働かせるには、リラックスをしてイメージやつぶやきを繰り返すことです。そしてうまく願いを潜在意識にインプットさせれば、遅かれ早かれあなたの願望は実現します。

あせらない、くじけない、あきらめない。この3つを忘れずに繰り返すうちに、あなたの心は完全に受容的になって、奇跡を呼び起こすことでしょう。

*******メールの報告例について**

　ここからは、潜在意識の法則を使った奇跡的な出来事を、てらさんがEメールで報告を受けた実例で紹介いたします。これらの方々はあなたの回りにいるごく普通の方々ですので、本名ではなくハンドル名（インターネット上でのあだ名のようなもので、本人が自由につけられます）またはイニシャルにしてあります。

　メールの文章は、文意を損なわない範囲で省略や誤字訂正などをしてありますが、それ以外はできるだけ原文のままにしてあります。タイトルはてらさんがつけました。

****

インプットで商売繁盛　［K・K］

てらさん最近私の店（ラーメン屋）がとても忙しくなりました。一時期はすごく暇な時がつづいたのですけど、インプット（もちろん店が繁盛する願望）開始して、三ヶ月目で何かすごく安心して、営業ができるようになりました。そして、最近とみに目に見えて売上も上がってきました。忙しいのでバイトの女の子も二人増やせました。別に自分は、昔と変わらず営業してますが、これと言って特別な工夫や催し物を企画したわけでもありません。よその店はガラガラなのに私の店は駐車場もいつも車が一杯状態です。インプットしただけで自分ではこれと言ってたいした努力もしていないのに、こんな事ってあるのでしょうか？　また、少し様子をみてみます。約束通りなっとくカンパ送らせて貰います。

合掌　ありがとうございます。また、ご指導のほどお願いシマス。

借金が一瞬で帳消しに　［S・Y］

てらさん
いつもメールありがとうございます。奇跡の一週間、私もチャレンジしてみましたというか、私にはもうこれしかなかったのです。
父親の事業の失敗以来、私自身も600万円の借金を抱えてしまいました。私みたいな、担保もないサラリーマンが、お金を借りれるところといえば、もうサラ金しかないです。借りては、返し、また借りてなんて繰り返していたんですが、結局600万円まで膨れ上がってしまいました。来月は、もうどうすることもできない状態になってしまい、いっそ保険でもかけて、家族のためになんて思っていました。
そんな矢先、てらさんのホームページを偶然見つけ奇跡の一週間にチャレンジしました。いつもイメージは、二人の子供たちの顔でした。

3日目になって、なぜか自分のことしか見ていない自分が情けなく思えてきました。そんなおり、私の知り合いのおばあさんが、コウゲン病になったと聞きました。私は、おばあさんのことはよく知りませんでしたが、一人暮らしで、遠いところに親戚がいるというのは知ってはいました。「ご飯とか大丈夫だろうか?」私は、なぜかおばあさんのことが気になりました。普段、挨拶程度しか交わさないのに。

そう思うと居ても立ってもいられなくなり、おばあさんの元に向かいました。妻に頼んで、お弁当を作ってもらいました。思ったより元気そうでしたが、手がはれてご飯が作れず、困っていると言いました。私は、おばあさんに毎日お弁当を届けますと約束をしました。それから2週間、必ずおばあさんの元にお弁当を届けました。妻の身体の調子が悪いときは、私自身もお弁当を作りました。私自身、来月の支払いには、困っていましたが、今月は何とかなる、どうせならおばあさんのお弁当くらいの出費なら何とかなるだろうそう思っていました。

6月に入り、なぜか「6月で借金はすべて終わりました。私たち家族はもうお金に困ることはありません」そんな言葉が自然と口から出てきました。私は、宝くじでもあたるんだろうか。それならすべて終わるのに、なんて思っていました。

すると、昨日の朝、突然妻の顔を見て「今週で借金が終わりました。もう二度とお金に困ることはありません。」と大きな声で言ってしまいました。私は、もう確信していました。宝くじがあたるのかどうなのかわからないのですが、もう二度と借金には苦しまないと。

その日、お弁当を持っていくとおばあさんが、一枚の封筒を差し出したのです。その中には、一日1000円、13日分で1万3000円入っていました。私は丁重にお断りをしました。まずお金が目的ではないこと、一日1食1000円では高すぎること、私自身、お金に困っているが、そんな自分しか見れない自分が嫌で、お弁当を作り出したことなど、きちんと話しました。するとおばあさんが、言いました。

「いったい幾ら借りてるの？」

「600万円です」

「そんなお金、私にとってはお金じゃない。ひどい病気になって入院することを思えば安いものよ。」

「えっ！」

「実は、あそこのビルもあそこのビルも私のものなのよ。あなたが助かるなら、そのお金、私が出してあげるわ。返せなんていわないし、借用書も書かないわ。」

聞けば、おばあさんはたいそうな資産家でした。

私は、体が震えて涙が出てきました。こんなことってあるでしょうか？
私に出したおばあさんの条件は、お弁当を持ってくること（一日1000円）と駅前にある80坪の土地に3年後まで、地域に役立つ建物を建てそこを管理すること。もちろん建築費用は、おばあさんが出してくれます。

こんな御伽噺みたいなことってあるでしょうか？
私は、おばあさんにいただいた金は、何としても返すつもりです。それといつかは、私自身も困っている人を助けることができるよう経済的に潤いたいと思っています。

昨日の事なので、まだ興奮しています。てらさんへ、連絡しなきゃと思いメールしました。

私のように借金に苦しんでいる人やリストラにあってつらい思いを

している人、あきらめず、自分だけでなく周りを見てください。
困っている人がいたら手を貸して上げましょう。
何が起こるかわからないですね。
生まれてきたことに感謝します。

倒産の危機をバネに ［カモメ］

てらさん@ぼさつ1号様

カモメ@ぼさつ56号です。

昨年秋、奇跡のテープのことを知って直ぐにてらさんとてらさんの奥さんにテープを送っていただきました。テープが到着した日は「ああもうこれで安心だ、願いは叶ったも同然だ！」そう思って嬉しくてワクワクしてました。早速その日の夜から寝る前（寝ながら）テープに従ってイメージングを始めました。

昨年の秋は残暑が長引き、9月の半ばを過ぎても熱帯夜が続くような夜がほとんどでしたが、てらさんのナレーションに従って湖にポカッリと浮かび、涼しい風に吹かれているイメージをしていると不思議と寝苦しさを忘れられました。ただいかんせん、気持ちが落ち着くのと同時にコッテンと眠りの世界に行ってしまう為、どうしても最後までテープを聞くことがなかなかできなくて、それでもしだいに慣れてきたらなんとか寝入らないでコントロールすることができるようになりました。

カモメはα波を測定する装置を持っているんですが、ちょっと試しにテープを聞きながら測定してみたら、なんとα波を通り超えてシーター波が連続して出ていることにびっくりしました。

最初の1ヶ月くらいは、これといって奇跡的に感じられる現象は起きませんでしたが、直感やひらめきが鋭くなる感じはありました。かぞえあげるときりがないのですが、たとえば営業に回っていていつもは立ち寄らないお客様のところへ寄ってみたら切れているものが沢山あって予想外の注文をもらえたり、なんとなく立ち寄った書店で探していた本が見つかったりとか、小さな事ですが良いことが現象として起き始めました。

テープを聞き始めて2ヶ月ほどした頃、カードの支払いがなんとなく不安な感じだったので、銀行のCD機の前で請求書どおりのお金を口座に入金して、「今月も無事に引き落としが済みました。感謝します。」そう言っているところをイメージしました。そしたら、どっかに無くしてしまったと思っていた昔の預金通帳がひょっこりタンスの奥にしまっていたカバンの中から出てきて、請求額に近い残高があったのには本当に驚きました。

そんなことがあって、味を占めたカモメは欲張ってイメージにあれもこれもと詰め込むようになりました。でも、詰め込んでる間にてらさんのナレーションは先にいってしまうので、どうしたもんかと考えた結果、たったひとつだけ《繁栄》というイメージを歓喜を抱いてすることにしました。それはこんな感じのイメージです。

大きくてモダンで立派な家の綺麗な芝生が敷き詰められた広い中庭で私達家族はガーデンパーティをしています。今日はゲストとしてはるばるてらさんが来てくれました。てらさんのグラスにシャンパンを注ぎながらカモメは言いました。

『てらさん、ここまでくるのにアッという間でしたよ』

そして、てらさんが言いました。

『よかったねカモメさん、全て思い通りになりましたね』

そう言って私達は喜びの中で祝杯をあげました。

そんなイメージを毎日朝に晩にと、テープを聞きながらを繰り返し、全てがスイスイ行き始めた矢先とんでもない状況が訪れたのです。それは、当節の不景気に一進一退を繰り返してきた家業の業績がかつてない程悪化して、ついには倒産の二文字が現実のものとなってしまったのです。内心「これはおかしい、何故なんだ！」と思わずにはいられませんした。潜在意識の法則に対して自分がなにか誤ったことがあったのか？　とにかく、いくら良いイメージをしてみても現実に起こる裏腹な現象にとまどいは隠せませんでした。

それでも、潜在意識の法則を信じる気持ちには少しの疑いもなくテープを聞きながら良いイメージを繰り返していたある日、イメージの中にてらさんがあらわれてこう言ってくれたんです。

「カモメさんのやり方で正解ですよ。てらさん太鼓判を押しますから。　もうすぐ奇跡が起こりますよ。」

私は心から救われた気がして、やっと安心して眠ることができるようになりました。

そして、本当に奇跡が起きました。

倒産を覚悟していたある日、突然思いもよらぬ親戚からの資金援助が受けられることになったのです。ただし、いくつか提示された条件に従って、私は家業を離れることになりました。長年、従事してきた家業を突然離れることに一抹のためらいと不安は有りましたが、それよりもむしろ私自身に再生のチャンスが与えられたことへの喜びの方が遥かに何倍も強く感じられ、心の底からワクワクが止りませんでした。

今思えば、奇跡のテープに従って《成功》のイメージをインプットする時、現在の家業が発展しているイメージではなく、本当に自分にふさわしい仕事を夢中になってやっている所を想像していたのです。確かに、倒産という予想もしえない荒療治ではあったけど、千載一遇のチャンスは間違い無くやってきたのです。

願いとは裏腹な現象をその場限りで判断してしまうから納得できないでいたことも、潜在意識の法則に何の矛盾もなかったことが後になって理解できました。

家業を離れ、無職となったカモメは職安に通う日々の中、これから自分がどうあるべきか潜在意識にその答えを求めました。ある日、過去のあったかメールを整理していると目の中に飛び込んで来たのが『人生はしたいことをしないといけない』NO.381(H11.12.1)でした。このてらさんのメールがこれまでカモメが考えてきたことを完璧に肯定してくれました。そして、次に湧いて出てきた言葉が「アイデア」だったのです。そこで「アイデア」をキーワードにHPを検索したところ、発見したのが「ネーミングライター」でした。この仕事こそ、カモメが求めてきたものに違いないと直感しました。試しに、いくつか公募のネーミングにトライしてみたのですが結果はともかく、ネーミングを考えている時は何もかも忘れてただひたすら没頭できるのです。

カモメ自身に「ネーミングライター」の才能が有るかどうかは解りません。でも、一つ言えることはこの世は「アイデア」に溢れていて、目には見えなくても既に存在しているのだと言うことです。そしてその「アイデア」は潜在意識の創造的知性・無限の英知を通じて、求めればいつでも取り出すことができるのだと考えています。つまり、カモメという受信機を通じて「アイデア」は現実の世界に表現されるのです。これは本当に素晴らしいことだと思います。

奇跡のテープは確実に求める所へと、お導きくださっています。
これからも、無限なる潜在意識の世界にアクセスする為に無くてはならないものです。

てらさん、てらさんの奥さん、そしてテープ製作に係わった全てのぼさつさんに心から感謝申し上げます。

合掌

友達のお父さんの借金がチャラ　【M・M】

てらさん　こんにちは　M・Mです。

先日はなっとくカンパ金のお礼状をいただきありがとうございました（＞＞）
今回なっとくカンパ金を振り込ませていただいた理由は奇跡が起こったからなんです！
本当ならもっと早く奇跡が起こったことをメールしようと思っていたのですが、遅くなってしまって申し訳ありません。

私に起こった奇跡というのは私というよりも私の友達になんです。先日、友達のお父さんが競輪に行って仲介屋に200万円借金して帰ってきたそうです。それで友達のお母さんも呆れて離婚するという話しになってると私のところにメールが届いたんです。離婚をすれば、友達はお母さんと一緒にアパートに住むことになるし、生活が大変になって今のようにあまり出掛けられなくなると・・・。

私は友達にマイナスなことは考えちゃだめだよ!!　マーフィーの法則だよ!!　私も今日はそのことが良い方向に解決するように祈って寝るからね!!とメールして、奇跡のテープを聞きながら友達がにこにこして、あの件は無事解決したよ！と私に話しているイメージをしながら眠りにつきました。

そして次の日、その友達から電話がありました。「昨日の件だけど、借金取り消しになった！」と私は、へっ?と思いましたが、内容を聞いてみるとお母さんが親戚のうちに相談したら、もしかしたら仲介屋に騙されているのかも？　もし仲介屋から電話があったらうちは貧乏で親戚の家からお金を借りないと返せないから一緒に親戚の家に来て欲しいと言ってうちに連れてきなさいと言われたそうです。

そして親戚の人に言われた通りに仲介屋に伝えると
仲「それじゃぁ振込んでくれ。」
母「どっちにしても親戚のところに行かないと払えない。」
仲「・・・。」
母「親戚の家に一緒に来てください。」

仲「・・・・。今日、社長が競艇で勝ったから今回はチャラにしてくれるそうだ。」
母「チャラって・・・。でも、後で嫌がらせなどされませんか？」
仲「そんなもんしない。旦那さんにももう競輪なんてしないように言っときな。」
と言われて電話が切れたそうです。

あまりの急な展開にきつねにつままれた気分になりましたが、これが潜在意識の力なのかなぁ？と思いました。

普段は自分願いをイメージしながら寝るのですがこれはなかなか思うように実現してません。やっぱり自分本位のイメージになってるからなのかなぁ？　でも今回人の為に祈ってみてこんなにも簡単に実現してしまってやっぱり人を思いやる心って大事なんだなぁとつくづく感じました。

でも小さな奇跡は私の周りにも沢山起こってますよ。なんとなくこうなればいいなぁって思うと実現したりします。小さな奇跡の積み重ねって幸せな気分になれますよね（＞＜）一番の願いはまだかなってませんが、あせらない、くじけない、あきらめないで気長にいこうと思ってます。

お忙しいようでしたら、メールのお返事はいいですよ（＞＜）
てらさんも無理をせずに睡眠時間もなるべくとるようにしてくださいね！

まとまっていない文章で読みづらかったら申し訳ありません。

それでは

ビジネス・スポンサーがつく　［ラブ］

てらさんへ

36才の個性的美女です。御無沙汰していてすみません！
今日は、はっきり言って大作です（！）
時間のある時に、でも今すぐ読んでください。

すごいことが起こりました。マーフィ博士の本に出会ってから、ちょうど、3ヶ月になります。1ヶ月めで不思議な体験もしたし、感情的には最高にHAPPYでした。信じるものができたからです。2ヶ月めには、焦り始めて、迷ってきました。
やっぱり、ダメかも知れない…、そんなとき、てらさんのHPを見つけ、メールで励ましてもらいました。返事しないで、本当に申し訳ありませんでした。なかなか、元気がでませんでした。

それでも、その後、てらさんのページを全部読み（もっと早く読みなさい！）博士の本（特にお金に関する）も8冊（関連本も含めて）を読み終わり、気に入ったのを繰り返し読み始めた今月に入ったくらいから、やっと、潜在意識に働きかける要領を覚えた…、というか、自分なりのやり方を発見して、そして、自分なりのやり方でもちゃんと願いは叶うんだ、そう思え始めたのです。

それからは、とても楽しくなり、同時に不思議と焦らなくなっていました。現実は、それまでよりさらに、ひどくなっていましたが、なぜか、落ち着いていられました。（てらさんに、お礼のメールをだしてないことだけが気掛かりでしたが…。）

先週、とうとう、すごいことが起こりました。全くの偶然で、昔、知り合いだった社長さんが、部下を連れて、私のアルバイト先に食事にきました。

（実はこのアルバイトも不思議でした。３時間くらいだけ、適当なところないかな、このお年でもＯＫと言ってくれるところで、洋服等で出費しなくて良いところ…、と、考えていたら、友だちから電話があって、紹介されたお店は、その通りの条件でした。マーフィー博士の本と出会ってから、３日目でした。）

それで、社長さんとは、５〜６年ぶりだったので大いに盛り上がりました。社長は、その日、偶然が、それを含めて３つもあったということで、感激していました。３件目の店で、本当に軽く話したことがきっかけで、社長は、私の夢に投資すると言ってくれました。私には大金です。

その日の度重なる偶然に、社長も何かひらめいたようで、これは大切な縁だと思ってくれたらしいのです。そして、おととい、約束通り何の条件もなく、『３〜５年後でいいから最低、元本は戻せよ！』と、その大金を持ってきてくれました。夢の内容も聞かずに、ただ、信じてみる、と…。考えられないことが起きました。

本当に予測なんてできない方法で潜在意識は働いてくれたのです。社長の下心…？　ふふふ。大丈夫です。それも、ちゃ～んと、「社長を祝福します。彼は大変に紳士で、本当のエンジェルで、私の成功を心より祈ります」と、祈りましたから。

その後も、不思議と、お金が入りやすくなってきました。私はデザインの仕事をやっていますが、クライアントの方から、見積よりもう少し予算出せますよ、とか、心配だった納品（印刷のできが悪くて）も、少し潜在意識を使ってから行くと、すごく喜んで頂けたり…。その前まで、これと逆のことばっかりだったのに…。

私はすっかり、信じることができるようになりました。一度、できるようになると、その後はやりやすくなるというのは本当です。そして今はもっぱら、社長の満面の笑顔と、元の3倍のお金を返しに行き、社長も私も、超リッチな食事の前でお互いを讃え合い、シャンパンで乾杯している場面を心に描いています。

てらさん、私が途中であきらめなかったのは、てらさんのページがあって、メールをくれたからだと思います。本当にありがとうございます。（早く言いなさい！）

奇跡が起こってくると、好循環で、信じて安心できるようになりますね。今は、健康も（病気も持ってて…！）信じ始めています。美貌もねっ…！

また、メールします。

てらさんを、全ての人を祝福します。

36才の個性的幸運美女

素敵な男性に出会える ［けい］

こんばんわ。けい＠ぼさつ74号です。
またまた奇跡のお知らせです。

それが、昨日メールの伝言板で偶然出会った人とお茶をする事になったのです。ちょっぴりこわかったけど、昼間だし、マーフィーの法則を活用していた人だったので、勇気を出して会いました。ところが、とっても意気投合し、なんと、気がついたら2時間半も語りあってしまったのです。

そして、今日、ねるとんパーテイに行きました。これは、私がここ数年関わってきたイベント集団の企画だったので、以前からカップルになれるイメージングをしてました。

そしたら、本当にカップルになってしまったのです。とってもいい人で、受付の時から見ていた・・・ってず～っとアプローチされたのです。で、結局、カップルになりました。

２日も続けて、こんなに素敵な２人の男性に出会えました。

私がイメージをしていたのは
“健康で力強く　情熱と人間性に溢れ　豊かな感性と　深い愛情をもった　神に認められた人”
と、いうものです。

どちらが、そうなのかわかりませんが、あとは潜在意識に預けてしまおうと思います。

ここ数週間、すべてを許し、心の怒りが癒されたイメージングを繰り返していました。

奇跡がどんどん起きています。
最高は本当にすぐそこかもしてません。

また、ご報告いたします。(*^_^*)

こんにちわ。けい@ぼさつ74号です。
今日もとっても良い天気!!
う～ん、気持が良い!!

てらさん、聞いてください!!　すっごいことがあったんです。ちょっと長いんだけど!!

実は、ここ数日「沖縄、沖縄、沖縄・・」って頭の中が沖縄のことでいっぱいだったんですが、答えが出なかったんです。てらさんに言われたように潜在意識にたくしたところが、次の日の朝、最近知り合ったばかりの海好きの男性から、

>そっか、やっぱり沖縄最高か
>けど、両親泣かしてまで沖縄いくのは反対やな
>海が大好きな＊＊さんがその海の為に親の反対おしきって行くの反対や－！

っていうメールが届いてて、なんか胸が熱くなってしまったのです。で、行っちゃいけないな・・って心で感じながらも今一割り切れないものがあったのです。でも、とってもうれしかったので、携帯番号教えてくれていたので思い切ってお返しに教えてしまったの。

すると、今日電話があって、お話ししたら、本当に最高に話が合って、海の話し、仕事の話し、何を話しても盛り上がり。初めてなのに2時間近く話してしまった。

で、最後沖縄の話しになって、彼が「西表島」に行きたい・・って言った時の驚き!! だって、私の夢はいつか西表島でダイビングしてカヌーして、自然と触れあうことだったから。私が共感したもんだから、もう彼もビックリ!!「どうして俺が行きたいとこ行きたかったんや～!!」って。もう、お互いびっくりでした。

昨日までの沖縄に対するモヤモヤはどこかに行ってしまって、とっても調子のいい私がここにいます。

以前会ったメルともは、いい人なんだけど・・とか、ねるとんの人も胸騒ぎが・・・とか感じていたんだけど、この人にはなんか何にも感じない。何も感じないってことは、とっても素敵なことだと思います。だって、不安がないってことだから・・。

「沖縄行きたいんやったら、俺が一緒に行ってやるけ・・。親を泣かしてまで　行くな‼」って言われて、「うんうん、行かない！　でも、旅行だったらいいよね‼」って答えている私。

彼も「なんで、俺こんなこと言って諭しよんねん」って。私も「何で私、返事しよるん‼」って感じでとっても幸せな時間でした。

これからどうなるか分からないけど、人生ってとっても不思議ですね‼　とっても興奮気味のメールでした。

私の祈りは「健康で力強く　情熱と人間性に溢れ　豊かな感性と深い愛情をもった　互いに成長し合える　神に認められた人」でした。

とっても健康で力強く、情熱にあふれた　誠実な方でした。後はどうかな?・?

最高は本当にすぐそこかも知れません!!

もしかしたら、これがカンパのブーメラン効果なのでしょうか?・?　また、お金が入って来たとき、カンパします。プーなものですくなくてすみません。

では、長々と失礼しました。

また、ご報告しますね。(*^_^*)

潜在意識にお願いして理想の結婚 ［COJI COJI］

では、できるだけ正確に 私の結婚てんまつ記を。

今考えると私は潜在意識の働きにとってはとってもラッキーな環境でした。子供相手の仕事で周りは子供だらけ、私は子供以上に世間しらず。類は友を呼ぶというか周りも夢を食べているような人ばかり。札幌という地方都市でずいぶんとのびのびと暮らしていたものです。

それでもやっぱり、もっと幸せになりたいと思って、そんな時にマーフィーの本に出会ってこれだと。もう、なんの疑問もなく実践あるのみ そんな状況でした。そのとき私はちょうど29歳の誕生日をまもなく迎えようとしていました。私の誕生日は4月。そこで私の考えたこと「そろそろ身を固めるか よし、マーフィー効果だ。ジューンブライドと世間では騒いでいるし、じゃ、6月に結婚しよう」

本当に世間知らずでしょう？

それまでは男の人と付き合ったことも、結婚のことを真剣に考えることもありませんでした。結婚の事については全くの無知でした（結納？　未だに正確にはしりません）

指輪のイメージ、そして「私にぴったりの人をお願いします」それだけです。

そして、なんとパソコン通信で知り合い、電話をもらい、一月後には一緒に旅行に行き6月には入籍、今は東京で約10年を迎えています。

な、なんと無謀な…　でも、なぜか、何の不安も心配もありませんでした。そして、相性は…わかりませんが結婚式でみんなに言われたことは「あなたは見る目がある」「彼はすばらしい」関係ないかもしれませんが彼は頭もよく、人望も厚く、そしてすごい美形です。

ちなみに私は…言いたくない。

とにかく、神様のやることに間違いはないと思っていた様です。

あー、でもてらさんは、すばらしい。
こうやって、自分の事を書いていると今、どうすればいいか自然にわかってきますね。
もう一度、真っ白になって考えよう。

ところで、私は子供の頃から周りのひとからいつも「あなたは頭が良く、かっこいい人と結婚するよ」となぜかいわれていました。

なぜだろう？？？

COJI COJI

日記に書いた理想の男性と結婚　[tanutanu]

てらさんこんばんわ。tanutanuです。

メールのお返事ありがとうございました。あと、今日ハガキも届きました。御丁寧にありがとうございます。

今日は忘れてたことを思い出したのでその報告です。

今から八年程前、私は大失恋して、それこそ毎日泣き暮らしていた時期がありました。そして、同じ時期に会社も首になって、男もいない、職もない、金もない、のないないないづくし。今思い出してもくらくらする程に悲惨な日々でした。

働くところも無く、毎日うだうだする中で、マーフィー博士の本なども読み、自分の決意を日記に箇条書きにしました。（昔から何事もリストアップすることが好きなんですね。）その中には、次に誰かともし付き合う事になったら、きっとその人と結婚しよう。その人は私の事を振った男よりも何百倍も良い人で、私のすべての理想を満たした人に違いない・・・。に始まり、自分の理想とする男性の条件を30項目ほど、つらつらと書き出したのです。今思えば、人から見たらくだらなーーいっていうような内容だったと思います。例えば、車の運転がうまい、私の話を最後迄きちんと聞いて適切なアドバイスをくれる人、長男でないこと、私の両親と仲良くできる人、将来彼の両親と同居しないですむこと、結婚したら世田谷のマンションに住みたい、野心家で実業家等が望ましいなどなど、自分の立場もわきまえず、実に身勝手に理想の男性を日記に書き出したんです。

そして、その日記を書いてから約半年後・・・。もうおわかりですよね。アルバイト先で、偶然今の夫と知り合い、結婚することになりました。新居が決まり、（今住んでるところなんですけど、一緒に住む前、二人で散歩している時に偶然見つけて、一目で気に入ってしまい、管理会社に聞いたところ、そこの仲介をやっている会社の社長さんは何と彼の友達だったことが判明し、敷金礼金家賃ちょこっとサービスのおまけつきで、入居できました。）自分の部屋の荷物の整理をしていたところ、以前書いた日記が出てきました。あの時理想の男性として、没頭して書いた項目を一つずつ見てみると、全て見事な程に今の夫に当てはまっていました。ちなみに彼は運転の仕事はしてないんですが、二種免許をもち、三男で、お父様はもう他界していますが、お母様は長男夫婦と一緒に住んでいます。そして、自分の会社を経営している人です。こんなことなら、あの時もっともっと項目を書いとけばよかったなあとずうずうしいことを思ったりしてしまうんですけどね・・・。

潜在意識にインプットしたら、あとは一度手放す、というのがありますよね。私はあの日記を書いてから、何だかとてもほっとした気持ちになって、すっかり忘れていました。忘れていたというよりも、生活していくことが大変だったので、そんなことをゆっくり考える暇もなかったのが正直なところですが・・・。これがかえってよかったのかもしれません。今思えば、私の結婚に関しては何一つ「頑張る」ことはありませんでした。うまく表現できなくて、もどかしいんですが、すべてが自然に何一つ問題なくすすんでいったんです。当時の私の中には迷いや不安は全くありませんでしたから、彼と一緒に暮らしていくことを当然の事として受け止められたんです。うーん、あまりにも自然に時が過ぎたので奇跡に震えたって感じでもないですね。彼がどう思ってたのかはわかりませんけど、私にはそんな感じでした。

> 偉大な翻訳家になる人は「自然と」いろいろな文献を

＞読みあさってしまうでしょう。
＞これらはすべて強制ではなく、自主的です。
＞
＞だから、潜在意識も微笑んで力を貸してくれるのです。

私ったら自分の前に高いハードルを勝手においていて、がんばれがんばれって一人相撲を取ってたみたいです。肩の力を抜いてリラックスして、潜在意識にもっと甘えてみることにします。

てらさん、大事な事を教えてくれて、ありがとうございました。

tanutanu

性的ショックを思い出して人生を克服　［K・M］

てらさんへ

こんばんは、お返事をいただいてからいろいろありました。

＜その性的経験を思い出したとたんに、病気は治りました。

幼い頃に幼稚園でとてもショックな経験をしたことを思い出しました。単なるいたずらではなく、性的経験のショックになると思います。ずっと忘れていましたが、思い出し涙がとまらなくなりました。その事件がきっかけで、幼稚園をやめると母に言いましたが、本当の理由は誰にも言えませんでした。後ろ向きに立ってと言われて同じクラスの男の子に下着をおろされたのですが、何が起ったのか全然解りませんでした。しばらくたって、自分は大変ないたずらをされてしまった、絶対誰にも言えないと、ずっと心の中にしまおうと思って過してきましたが、それが原因になっているのか、男性に対しては憎しみのようなものがどこかにずっとあったような気がします。幼い頃の事件は忘れてしまい、恨みや憎しみだけが残っていたのですね。本当にその事が原因としたら、恐ろしい事だと思います。

これまでも数人の男性に傷つけられ、傷つけられたらそれまで以上に魅力的な女性になって、そして見返してやろうと思い続けてきました。その思いはすさまじいものでした。私の男性に対する怨みは自分を奇麗にする事、自分の能力を高める事で男を見下してやろうという方向に向いてしまいました。

良い思いではなく、復讐の思いで魅力を身につけ、男性を惹きつけてそして仕返しをする。これが自分のパターンだったと思います。でも、それを繰り返しても私の気持ちは晴れませんでした。ますます複雑化する一方でした。

でも、いろいろ思い出したことで不思議に気が楽になった気がします。そんな過去の事が原因で自分自身を苦しめてきたのかなと思ったらもう許してあげようという気持ちが芽生えてきました。

またメールを送ります。

****

自分のこれまでの行動が客観的に解ったことで、私の行動は大きく変わりました。ひとつはずっと迷っていた仕事の事ですが、自分の会社を起こすことにしました。(会社といっても個人事務所ですが。)いままで、周りの意見を聞きすぎて(こんなご時世にとか、どうせ無理だとか)否定的な思いで頭がおかしくなりそうで、自分で会社をやるより就職した方が楽だと思い、訳もなく面接してみたり、本当に迷いました。(仕事をやめて約3ヶ月の間そんな調子で動けませんでした。)

でも、なにかふっきれて、こんなに行き詰まるという事は(今までになかったので)、やってみろという事なのかな思い、何か動かずにはいられなくなって、活動し始めました。あても全くありませんが、ほんの些細なチャンスからあてを作りだそうと思います。金銭的にもマイナスからの出発となってしまいましたが、なぜだか不安は全くないのです。

精神的には迷っていた3ヶ月間よりずっと楽になりました。

2つめに結婚の事ですが、これも会社なんか起こしたら結婚できないどうしよう。とりあえず結婚するまで、仕事は置いとこうなどと思っていましたが、両方できるんじゃないか、どっちも大丈夫だという気分になりました。両方きっと理解してくれる人と私は結婚するんだから。という、なんとも都合のよい自信が芽生えたのです。

3つめに海外での生活ですが、これも2つめと同じで仕事の事がひっかかっていましたが、別にどちらかにとこだわることなく、両方で可能なんじゃないか、という気分になりました。海外と日本と両方で可能な仕事にもっていけばいいんじゃないか。これも勝手に解釈して解決したのです。（英会話も出来ないから今から勉強しなきゃ・・・と思っていたのが、別に完璧でなく片言しか出来なくても、何とかなるだろうし、必要なときは出来る人に任せればいいしと思ったのです。）

なんだか、めちゃくちゃな勝手きままな思い込みですが、私の中では確信化しつつあって、自分の会社も軌道に乗り、任せられる人も増えて、（そのうち弟に手伝わせて、営業は彼に任せる。）海外で働く夫のもとと日本を往復しながらも、円満な夫婦生活を送るというような順風満帆な姿が思い描けます。金銭的にも、仕事の発展とともに不自由する事はないような気がするんです。今は自宅件事務所ですが、来年は事務所を別に借りられるとも思います。そして、来年あたりにハワイの教会で結婚式をする予定なんですが。すごく都合がいい話ですが、でも現実化しそうな気がします。

とりあえず、年内は会社をなんとか軌道に乗せることを目標に行動し始めましたので、急に時間が動き始めました。不安が一気に消えてしまって、自分の意志で行動してるはずなのに、何かに導かれているような不思議な気分です。

また何かあったらお知らせします。

泥沼の2つの離婚を超えての幸せ　［M・T］

てらさん、こんにちは。以前に「襟倉」と称してメールを差し上げましたM・Tと申します。38歳の男です。

いつも「あったかメール」楽しみに拝読させて頂いております。「天の富には常に余剰がある」「すべてはうまくいく」心に響くフレーズでした。これを常に忘れずにいた結果、自分に起こった事を書かせて頂きます。前のメールと重複も有りますし、少し長くなると思いますがご了承ください。

先に結果を書きます。私の同級生の離婚訴訟に被告として関与している、と申し上げました。これについては全面勝訴しました。第一審ですので先方（原告、彼女の夫）が控訴する事は十分に考えられました。しかし、この時に私は「すべてが終わった事に対して、てらさんに感謝するメールを書いている自分」をイメージしました。23日の土曜日に弁護士から「控訴はなかった。全面勝訴です。全て終わりました。」奇跡とも思える出来事でした。

私自身も円満といえるかどうかはわかりませんが、協議離婚が成立しました。子供とも自由に会える環境ができそうです。同級生（以下、彼女と称します）が泥沼の裁判の渦中にあり、自分もその裁判での被告になっている。妻との関係も最悪の状態が続き、死を選んだ方が楽なのではと思った事も正直ありました。彼女がたどった道と同じように自分たち夫婦も泥沼に陥り、死ぬ苦しみを受ける事になるのだとも思いました。それを思うと協議で離婚が成立した事も奇跡かとも思えるのです。

私に起こっていた問題とは、まさに心の中の事でした。平成5年以来、肺気胸（肺胞の一部が弱り、そこから空気が漏れて肺が潰れてしまう病気）を患い、平成8年初めまで3回の入退院を繰り返しました。その中で妻との意志の疎通の無さ、そしてなにより愛情が無くなっているのを痛感する機会となりました。

しかし、その当時の自分にとって「離婚」の二文字はあまりにも重く、恐れるものでした。自分も変わり、環境も変えれば打開できるのではと考え、転職もしました。出不精の自分ですが家族旅行も計画して実行しました。それからの数ヶ月間は何も考えずに過ぎました。でもやはり自分自身の中は帰る事ができない事を悟る時はやってきました。離婚の意志を示す手紙を妻に渡して以来、家の中は険悪となり私と妻は家庭内別居の状態でした。幸いにも二人の息子たちは朗らかで、ただそれが救いでした。

そこへ平成9年2月、彼女の夫から「妻と逢ってるんだろう」と私の携帯電話にいきなり電話が有りました。何の事かわからず、その夜彼女の家に電話すると、彼女は「本当にごめんなさい」と謝るばかりです。後で聞くと、夫は妻のプライバシーも何も認めず、同級生から教わった私の電話番号を小さな紙にメモして財布の中に入れておいたが、それさえも探し出すような人だったのです。彼女が電話していれば物陰で聞いている、生活の中でどこで何を買ったかまでメモに残している、もっと書けば大変な事になるので割愛致しますが、彼女はそんな生活から脱却したい、と私に言いました。

平成9年3月には彼女夫婦は別居に至りました。彼女の実兄・実父とも話をして様子を聞きましたが彼女の考えている方向に間違いはないと思い、私は彼女を支えていく決心をしました。また、自分の状況も清算して新しく踏み出そうと決心しました。もちろんそんなきれいごとだけではありません。私は彼女に対して同級生以上の感情がありましたし、彼女も同じでした。

それからは、もう文字どおりの泥沼でした。彼女は重圧に耐えられず取り乱す事もあり、その度に「物事には始まりがあれば必ず終わりもある。この状況を笑って語れる時がきっと来る。その時が来るのを信じて今をやり過ごしてしまおう。」などと言い聞かせてきました。

そんな時に「てらさんのあったかメール」を知ったのです。今でも理解できたとはいえないでしょうが「リラックスする」「イメージする」という教え（?）は私の中にすんなりと浸透しました。それからは彼女が微笑に充ち、穏やかに私と語っているのをイメージし、また私も自身の泥沼から解放され味わうであろう心持ちをイメージするようになりました。「天の富には常に余剰がある」「すべてはうまくいく」思い出した時には深呼吸とともにつぶやいたものです。人間は時には物事を悪く悪く考えてしまいがちです。自分もですが、彼女も暗い渕しか見えなくなった事が何度もありました。「悪く考えればその通りに物事は悪くなるよ。いい方に考えてイメージすればその通りになるよ。」「あなたみたいにそんな楽観的になれないわよ。」「楽観するのとはちょっと違うんだよ。ただイメージして信じるんだ。そこから始まるんだ。」などと何回やりあったか知れません。

今の状況が奇跡によってもたらされたものなら、自分にも彼女にも奇跡は起こったのです。「もうだめだ。これまでだ。自分はそれなりなんだ。」何度潰れかけたかわかりません。「天の富には常に余剰がある」「すべてはうまくいく」つぶやいていました。その度に。

あったかメールのおかげですなんて言えば、てらさんは苦笑されるでしょうが、支えとなったのは本当の事です。ありがとうございました。

あったかメールの読者のみなさんに奇跡が起きますように。すべての人々に奇跡が起きますように。

新築以来、願いは必ず叶うと楽観　［Y・M］

てらさん、おはようございます

私、てらさんにお礼を言いたくて。
奇跡はホントに沢山起きています。小さい事だけど、ふとした事が沢山。毎日毎日、ふと何気なく思ったことが叶ってたり、大体、車を運転してて、イエ、こうやって生かされて居る事自体が奇跡かなって。まぁ、当たり前の事を奇跡と感じるのか？　マーフィーの法則に出会えた事で私の心は自分でも驚くくらいに安定したのです。

昨年の9月でした。夫との事、子供への対応・・・・自分の位置自分は何をしたくて生をうけたのか・・・悶々としていました。

思えば、一昨年の二月の家を新築したのですが、夫さえも猛反対で（同居でしたから）私一人の勢いで建てたようなものです。その時に、願いは必ず叶うを本当に実感したのです。

確かにいつも新しい家の間取りを考えワクワクしていました。ホントにお金の事はどうにかなるだろうと楽観して考えてなかったなぁ・・・笑

実現して、こうやってくらしています。願いは必ず叶う。いつだったか、結婚前くらいか・・・加山雄三さんが「僕は、ヨットがほしくて、いつもいつも寝る時も考えていたんだよ。すると叶ったんだよ・・・・・・・思っていれば叶うんだよ。」と仰ったのを見たことがありました・・・なぜか印象深くて覚えている。

『ニュートンが万有引力の法則を発見したのも常に考えていたからだ』確かに学校で、何かの時に聞きました。『そっかぁ、思いつづけるのかぁ・・・』と思ったおぼえもあります。でも、都合よく忘れていて・・・苦笑

話しがそれましたが、そう、家を新築して、別居して、次の目標を見つけられなくて、家族の中での自分の位置を探していた自分。自分探しの自分。子供は自分の所有物でないから、これからの接し方の方針をどうしようか・・・小学1・3・5年の3人です。

重要なのが夫との関係・・・今まで小さくて子供中心で、どうにかしたいけどどうにも出来なくて・・・それを改善したかった自分。ホントに悶々としてました。（こうやって書いててもこの、悶々とかの言葉とか、良くない言葉は表面だけで浮かせてるという意識も出来ました。私の潜在意識に届くのは良きもの・良き事のみです）

新築も潜在意識の法則を知らずに用いてたのですね。と云うより、人はそうやって願いをかなえているのですね。私も確かに新築以外にどうしても・・・これだけは・・・と思う事は叶ってきました・・・コレが潜在意識の法則だったんですねいつも私を守っていてくれてた・・・・ここぞ！と云う時には‼守られてるような気がしてたのは、コレだったんですね。

まず、想像、思い、イメージ在りき・・・ついで想像・・・実現

私は何をしたいのか・・・

九月にてらさんの存在を知り、今は1月。一番の願いだった、子供への指針・・・親とし

て・・・『親』の字の如く『木の上に立って、子供を見る』が実践出来るようになり基本的にですが・・・笑・・・怒っても・・・本質は違うからと自分に確認して・・・笑

それに伴い、夫との関係がストーンと安定しました。これは、昨年の願望でした。12月頃に叶った・・・と確信できたのです。それまでにも、ふと思った事が実現したりはしていましたが私の中で、一番大切なことが叶ったのです。

てらさんのあったかメールに、ホームページに吸い付けられる様に惹かれ、・・・叶った。これは、わたしの潜在意識が私を助けて下さったのだと思わずには居られません。基となること・・・静かなる心、怒るに遅いこと・・・・願望でした。

マーフィーの法則にであって私は幸せです。

次の願いが大きな願いが達成したら、お礼のメールを出そうと思っていたのですが、昨日ふと気付いた事が嬉しくて今書いています。マーフィーの法則の本に、考えを辞めた時には潜在意識が動かしてくれる・潜在意識は習慣の座・人が水に浮く様に・ピアニストが鍵

盤を意識する事無くピアノを惹く・車を運転する・・・意識しなくて運転している・・・等々がふとわかったんです。・・・・身体が覚えているって事は潜在意識に到達している事なのですね。潜在意識はその力を忘れない・・・ってこの事でしょうか・・・・

潜在意識に刻印すると、絶対なのですね。自転車の練習をする様に、車の免許をとる様になりたい自分のイメージを練習すればいいのですね。楽しげに‼ 1度目よりは、2度目。2度目よりは3度目のほうがうまくなっている。そして達成。潜在意識はそれを忘れない。昨日、車の中でぼんやりしていた時に、ふと思ったのです。

後、20日のあったかメールで、思い出した時につぶやいてて某資格試験に合格した方のが載っていて嬉しくなりました。私は眠りに入る時、急にコテン‼って、寝てしまうほうなのです。で、もって、お布団に入ると夫の手がさわさわとして、それどころではなくて・・・笑

夜、寝る前にイメージしたくても、コテンと寝てしまい、思うのはせめて2・3回『富・成功』とつぶやくくらい・・・朝はイメージしていますが。まぁ、スグに眠れる事は幸せ

なのだから、良しとして、思い出した時につぶやけばイイか・・・とシッカリ思えるようになりました・・・笑

無理なく、自分に正直に生きる。手にいれたかった、静かなる心をマーフィーの法則の本をバイブルとする事により、私は手に入れ始めました。

今願っている事は、『膨大なお金が現れます様に』です。サリーちゃんの魔法の杖の様に私の前にお金が現れるのです・・・笑
この事が実現したらまた、メールします。

僅かですが、月曜日にカンパをさせて頂きたいと思っています。

今年、てらさんのセミナーに参加します！

とりとめも無く書いてしまいましたがこれからも、てらさんの活躍を楽しみにしていますね。常に健康なてらさんからのあったかメールは宝物です。

てらさんの益々の繁栄を願ってやみません。

てらさん。どうもありがとうございました。

不登校の娘がピアノ・コンクール入賞 ［N・A］

はじめまして、愛知県に住むNといいます。

最近やっと心の整理がつくようになり、てらさんへ感謝のメールを送ろうと決意しました。

昨年の話ですが、中学2年の娘が突然不登校になってしまいました。原因は、いじめ、先生への不信感、親への不信感などさまざまあったようです。その頃娘は、音楽（ピアノ）で少し名前がその方面の人には知れるような活躍をしており、音楽の専門科のある高校に進学したいと目を輝かせておりました。それを見て私も妻も喜んでいた時に不登校となり、私も娘も妻もいままで経験したことのないような地獄につきおとされました。子供が学校へいかないことがこんなにつらく苦しいものかとはじめてしりました。

その当時インターネットを始めていたので不登校のページ等をみながらどうしたら良いかを日夜必死に考えていましたが状況は悪くなる一方でもうだめかもしれないと思っていた

時に潜在意識で検索していたら偶然てらさんのホームページに行き着いたのです。

その方法が他のものとは違い私には、もっと気楽にやりなさいと言っているようで、すごく気が楽になったのをよく覚えています。すぐ実行に移そうと思いました。娘はその頃学校には行けませんがピアノのコンクールを受けることになっていて予選を通過できるようにと、つぶやきイメージを繰り返しました、不登校という状況下でも娘はピアノのコンクールには、どうしても出たいといいます、私としては予選を通過できなかったら2度と立ち直れないのではと心配でした、娘の心の中はおそらくおしつぶされそうな思いで生活をしている時期でしたからピアノの練習などほど遠いという状況でした。

1つ目の奇跡8月22日春日井市という所で予選を受けました、練習などほとんどしなかった娘が本番では見事な魂のある演奏を聞かせてくれました、私は思わず涙を流してしまいました。結果は見事に予選通過でした。

しかし9月に入り学校が始まっても不登校の方はつづきました、ほとんど良いイメージなどできず地獄の底に落ちてしまったような感じでした、もう私の力ではどうにもならないと思い、誰かが助けてくれるイメージをもったところ10月に入って2つ目の奇跡が起きました。

あるカウンセラーとの出会い娘が学校へいきだしました、私も妻もそのカウンセラーの人により大きく変わってきました、人を尊重するということを学びました。

3つ目の奇跡11月8日春日井市でコンクール本選、9、10月と娘は落ち込んでいたためやはり練習はほとんどできていません、でも私は娘の将来の希望のためにどうしても入賞という結果が今回は特にほしかったので、そのことを常につぶやきイメージを繰り返しました、演奏はミスは非常に多かったのですが、心に響くような、娘の苦しんだ心を映すような演奏でした、娘の演奏した曲も作曲者自身が苦しみもがいている時に作曲した曲だそうです。結果は銅賞（2位）という賞に入賞しました。

妻とともに涙をうかべながら奇跡は起きるんだなとつくづく思いました。この後娘はすこしづつ元気になり、明るく学校へ行くようになりました。今年に入ってからは1日も休んでいません。勉強の方は不登校ということもありずいぶん遅れてまだ苦しんでおりますがすべてはうまくいくと信じています。

後に知ったことですがあったかメールを読んでいた時にてらさんは、どうも春日井市に住んでみえるようだと知り、こういうことが神のお導きなんだとつくづく思いました。今年の3月にも入賞者記念演奏会出演で春日井にいきました。

ほんとうにありがとうございました、すべては神様がてらさんが導いてくれました。

今後共どうぞよろしくお願いいたします。

てらさんとご家族様の幸せを心から願っております。

信じられないことが連続して起きる　[I・K]

てらさん、こんにちわ

2ヶ月くらい前に奇跡のテープを　アメリカまで　送ってもらいました。ありがとうございました。ひどく現実的な　この私が　ついに奇跡を起し“なにこれ？”という感じで、本当にとまどい、気味が悪い感じさえします。でも、本当の事なのでおしらせします。実は、日本語のソフトがないので、安物のだだの日本語イーメイルソフトを、ダウンロードして　書いています。ない漢字がいっぱいあって、字もかっこ悪いし、カタカナで入力すると消えてしまうし、これでちゃんと届くのか心配です。日本語が変だったらごめんなさい。なぜか、全文一度に送ることができなかったので、2回に分けておくります。めんどうだったら、とばして読んでください。

信じられないことが起こったとはっきり自覚できることが、おとといから今日まで連続して起きています。てらさんのテープを、2ヶ月くらい毎日聴いていましたが、これといって変化がなかったので、4、5日前から聴くのを忘れていたのです。願いのかなったことは、わたしが、毎日どうしたらかなうのだろうと、気にしていた大きな願望ではなく、“こうなったら、いいなあ”、という一瞬思って忘れたちいさな願望です。

最初に起こったことは、職場でロッカーを手にいれたことです。私の職場は、165人従業員がいるのにロッカーが80ぐらいしかないのです。そのため、本当に仕事上ロッカーの必要な人、勤務年数の長い人が優先でロッカーがあたえられます。私は、まだ9ヶ月しか働いてないので、当然ロッカーは、まわってこないはずでした。アメリカの職場って盗みが多いので、社内どこに行くにも自分のバッグと一緒じゃないといけなくて、学生で若くもない私は、荷物が重くて大変でした。だめとわかっていても、一度 担当者にきてみましたが、やはりだめでした。おととい、私のことをかわいがってくれるゲイのおじさんが、突然ロッカーを持っているかどうか、欲しいかどうか、私にききました。私は、ないけど、ほしいけど、ウエイティングリストがあるので、空いているロッカーがあったら担当者に言ってくれと、そっけなく答えました。おじさんは、“わたしは、君にあげたいんだよ。”

と、そっとちいさな声でいいました。担当者は、私と同じデパートメントで働いている人だし、汚い事をしたら、信用を失うと思ったので、それでも私は、きっぱりとことわりました。すると、おじさんは、“また後で話そうね。”といって、lounge に行きました。5分くらいしたら、またおじさんが戻ってきて私に言いました。“私達は、ロッカーを一緒にシエアしよう。それだったら、誰も文句いえないさ。”おじさんは、私をおじさんのlocker のあるラウンジに連れて行き、みんながいるまえで、"We share locker." と、大きな声で言って、カギの開けかたを教えてくれ、彼のロッカーと彼のかぎまで私にくれました。おじさんは、彼の荷物を、彼のおかあさんのロッカーの中にいれました。(彼のおかあさんは、来月仕事をやめて、癌のちりょうのためにいなかに帰るそうです。)私は、この間、思いがけない展開と、叔父さんのイキなはからいに、ただ、ただ、驚くだけで、おじさんのいいなりになって、ロッカーをもらってしまいました。

二番めに起こった事、それは、本当に信じられないことなのですが、最近、恋人と別れた友達を元気づけるために友人宅に　行った時、最近、ちらっと欲しいなと思った物をただでその友達がくれたことです。私の友達も、道で偶然それを拾ったそうです。残念ながら、何かは、かけませんが、$150は、かるくするものです。

3番めは、coworker の＊＊＊＊＊が、突然よく働くようになったばかりか、ブレイクをとりすぎたら、私にすなおに謝るようになりました。＊＊＊＊＊は、とてもいいこなんだけれど、仕事中もつい社交に忙しくなってしまいがちで、そうなると、私の仕事の負担が重くなるので私は、それを不満に思っていました。どうしたら、friendship に傷をつけないで、おこりすぎないで、また、ユーモアをもって私の彼女にたいする不満を伝えるかが私のちいさななやみでした。

4番めは、今日学校で、来年の春の schedule が予定より早くでて（アメリカで予定より早くということじたい　ありえない。）、そして、雨もふってきて、傘もないのに雨の中、大学の本屋さんまで買いに行くのイヤだなあ、と思って laboratory に行くと、クラスメイトが私に schedule を買ったかとききました。まだだと　答えると、"This is for you" と言って、春の schedule を　くれました。私がお金を払おうとすると友達同士には、お金なんていらないんだ。といって、50セントではありましたが、受けとってくれませんでした。ここでも、予期せぬ出来事にあっけにとられて、彼女のいいなりになってしまった私なのでした。他にもクラスメイトがいるのに、雨の中、余分に私の分も買ってきてくれたのです。

彼女とは、そんなに親しいわけじゃなかったけれど、ちいさなやさしい　思いやりを感じて、とても嬉しく、心があたたかくなりました。

以上が、私の報告です。

不登校の長男に変化　【W・M】

毎日「あったかメール」を楽しみに拝読させて頂いています。
大阪セミナーのご成功おめでとうございました。

私は以前「奇跡のテープ」を送っていただいたものです。中学3年の長男と1年の長女が不登校をしていまして、特に長男は引きこもりを始めて2年が経っています。家の中では普通に会話ができるのですが、将来のこと（進学など）については口を閉ざしていました。

ところが先日、「高校へ行きたいので勉強をしようとおもう。」と、急に言い出したのです。

それからは今までの2年間を取り戻すかのように勉強を始め、分からないところを私や主人に尋ねるので、今まで何かとしっくりしていなかった父子の関係もよくなりました。

実は「奇跡のテープ」は最初2・3回聴いてとても良かったのですが、娘がいっしょに寝ていてその後は聴くことができずにいたのです。でも、「あったかメール」を読むたびに「マーフィーの法則」を思いだし、良いイメージを浮かべるようにしていました。

来年の春までにはまだまだ様々なハードルがあると思いますが、全てがうまく行くような気がします。

少しばかりですが、カンパさせていただきました。

本当にありがとうございました。

突然の昇進　［ひょい］

てらさん、こんにちは！　ひょい＠ぼさつ115号です。

しばらく沈黙していましたが、今日とてもビックリする奇跡が起こったので　ご報告です！

今の職場では　一つの部署を任されてはいるのですが今まできちんとした役名が無く、あるときは役職者扱い、あるときは平扱いと宙ぶらりんのまま　長年経ちました。

任されたっきりで、いいとも悪いとも評価されずに　毎日仕事を続けていました。変な事かもしれませんが、良いとも悪いとも全く評価をされないと　だんだん自信が無くなって来ます。

そんな状況の時　昨年自分と全く違うタイプの新人さんが重用され、この職場では自分の仕事はもう限界かなと思っていました。

冬頃から奇跡のテープを聞いて、笑顔をイメージ。“充実感をもって笑顔で仕事から帰る事”が、私の目標の一つでした。無理することなくスイスイ仕事して、皆と仲良く楽しく過ごして、上司から“君はこの職場に必要な人だ”と言われたら最高！って思っていました。


今日　仕事中に院長に呼び出され、いきなり部長の辞令を受けました！　科長を飛び越えて　いきなり部長です！　おまけに“今まで気が付かなくて申し訳なかった。遅くなったけど4月1日付で部長になってもらうから、まだまだ居てくれるね”との　お言葉付です。

出世したかったのではないですが、これが私の仕事に対する評価と思うと　うれしいです。自分のしてきた仕事を認めてもらえて、さらに続けてほしいと言われた！　そう感じてとても幸せです。

そして、部署に戻ってスタッフに　部長になったと報告したら、“これで私たちの上司は

＊＊さんですね！”と　皆とても喜んでくれました。彼女達の笑顔を見て　さらにうれしくなりました。だって、本当に喜んでくれていたのです。

良い職場で、良いスタッフと共に、良い仕事をスイスイこなしている自分をこれからもイメージしていこうと思います！

4月から　てらこや塾生ですが、3日目にして奇跡が起きました!!（まだ始めのレポートも提出してないですけど・・）なんか！ワクワクする気持ちで一杯です!!

てらさんと出会えたのが、ほんとうに奇跡のような気がします。

これからもよろしくお願いいたします！

次男のアトピーが治る　［ゆえ］

てらさん　おげんきですか。
ゆえ＠ぼさつ49号です。
奇跡の報告は後ほどとメールしてから随分時間がたってしまいましたね。遅くなりましたが、奇跡の報告です。

てらさんから次男のアトピーのアドバイスをいただいた二日後のことです。長男の保育園の先生から教えてもらい、近所の薬局へ行ってみました。薬局は病院と違い営利目的だからと思っていましたし説明をうけると、ステロイドのかなり強いものを使うとのこと。不安はありましたが、他に頼るところがなく治療をはじめました。

たった二日です。きれいな肌にもどりました。イメージとおり、朝目がさめたとき「なんてきれいな肌になったの？」と驚いてしまいました。でも、ステロイドを使っているということが心配でそれを奇跡ととらえることをためらっていました。

それから1ヶ月あまりステロイドの濃度は40分の1になり、保湿剤だけの治療まであとわずかです。今では誰が見ても次男がアトピーだとは思わないでしょう。これはもう間違いなく奇跡ですよね。

そしてこの奇跡にはおまけがついてきました。次男の治療のために病院を何件もたずねました。その中に漢方治療をする小さなクリニックをみつけました。たまたま、里の母がいっしょにいて不眠症の治療をうけることになりました。2年以上も近所の病院で治療を受けていたのですがあまりはかばかしくありませんでした。それが漢方薬を飲み始めて1週間で眠れるようになったとのこと。送り迎えをしていた私も鼻炎の治療を受けることにしました。どこへいくにもボックスティッシュと点鼻薬が手放せなかったのですがうそのように楽になりました。

ただ、ただ、次男の健康を祈っていましたが里の母と私の健康までついてきました。いずれすっかりよくなって薬を飲む必要もなくなることでしょう。

これからも小さな勝ちぐせをたくさん積み上げて大きな幸せをつかみたいと思います。そして、周りの人たちにも私の幸せが伝染（?）しますように・・・

それでは、お元気で

人の心まで変わる　[shimambo]

Hello Mr.Tera

最近、連続して奇跡が起こっています。

以前、あったかメールに載せてくださった患者さんが、3日程前に、僕の言っている事が理解できるようになりました。僕自身も、何故かその時、うまい説明が次々と口から出てきて急に動作がうまくできるようになったのです。そしてひとつがうまくいくと、他の動作もあれよあれよという間に上手になりました。訓練の意図がわかったのですね。

そしてそれだけではありません。
心が変わりました。
本人が言うには「頭の中がスカッとした。今までできなかったのが嘘みたい。病気になってから私の頭はおかしくなっていた。やっと元に戻った」ということです。

歩くのが上手になったのは勿論うれしいのですが僕が本当に願っていたのは、心が変わって欲しかったのです。今までは、こんな体になってしまってとか、また再発するのではないかとか、こけたら怖いなどを何時も口にしていました。

恐怖や不安で頭が一杯になっていたのを何とか変わらないかと思っていろいろな事を言ったのですがなかなかうまくいきませんでした。

やっと願いがかないました。

これはすごい事です。

完全に奇跡です。

人の心が変わったのです。大変な事が起こりました。

本当に実感しています。

そして　僕自身、大きな大きな自信がつきました。

他にも書きたい奇跡があるのですが今回はこれくらいにしておきます。

実技試験合格　［K・S］

こんにちは、てらさん。ロサンゼルスのKです。覚えていらっしゃいますか？　解雇の回数で今年のギネスに挑戦中のものです。

10月中旬、サンディエゴで歯科技工の実技試験（2次試験）を受けました。それより先、「奇跡のテープ」を注文し、試験後受け取り、毎晩聞いて寝ました。一昨日、もうあきらめていた結果が来ました。合格。技工の世界からはもう足を洗ったつもりでいたのに。今はある金融業界に籍をおいているのですが、ライセンスを取って、顧客をつかまえるまでは賃金のようなものはいっさいなく、トラックの運転手で生計を立てています。これは、いいことの前触れに違いありません。少なくとも悪いことの前兆には思えませんので。皮肉な結果に見えるのですが、いったん、歯科技工の世界に戻れという暗喩なのかも知れません。まぁ、運命にすいすいと流されてみるつもりです。

以前、お約束した「幸せ基金」へのカンパ、いつになったら実行出来るのか自分でも判然としません。あしからずご了承ください。

奇跡が起きたら起きたでぶつぶついう男

スイスイと資格試験に合格　［M・S］

てらさん、こんばんは。

この間の名古屋セミナーに出席しましたMです。その節はありがとうございました。セミナー後のてらさん宛のお礼のメールに←

＞来年（今年もまだ）もまた、幸せ基金にカンパができることでしょう。

と、書かせて頂いたんですが、ホントに今年中ということで、今日わずかですがカンパさせていただきました。

実は10月に受験した某資格試験の合格通知が、今日届いたんです。ちょっとマイナーな資格なんですが、実質的には、2ヵ月ちょっとしか勉強しませんでしたし、どうしても取らなきゃ、という感じでもなく、あまり頑張ってなかったんです（←OKでしたね、笑）。

ただ丁度、9月の終わり頃のあったかメールで、てらさんのHPに『受験生の応援歌』のコーナーがあることを知り、（以前HPを見た時は気がついてなかったんです。この辺から（奇跡が）始まってたんですね。）

「潜在意識は私を合格させると決められました。………………。素晴しいこの法則に感謝します。」

を、試験までの1~2週間、思い出した時に呟くようにしてました。

試験当日の学科試験はリラックスできましたし、ぶっつけ本番で臨んだ製図試験も、時間配分もバッチリで、夢中でやってはいましたが（あまり焦ることもなく）、気が付けば終了時間10分前に完成することができ、ある程度余裕をもって見直しも出来ている状態でした。後から思うと製図試験に関して言えば、本当になにかスイッチが入っちゃった様な（あれ?・?・?・スイスイ過ぎない?…・・って）そんな不思議な感じだったんです。

おかげ様で潜在意識の法則を体験し、感じることができました。本当にありがとうございました。そして、カンパのお金が何百倍、何千倍になってもどってくると念じることもできました。これからも、勝ち癖、ラッキー癖をいっぱい付けたいと思っています。

では、お身体に気を付けて。

東京のセミナーのご成功をお祈りしています。

叶えたいことはすべて叶う　［ｌｏｖｅ］

てらさん、こんにちわ！　ｌｏｖｅ＠ぼさつ57号です！　おひさしぶりです。大阪セミナーの方、盛り上がっていますね！　わたしも行きた～い！　大阪が両親の実家なんですよ～いっちゃおうかなあ？　東京のセミナーの方は家族旅行と重なっちゃってるし・・・。そういえば、東京セミナーの方の準備ってどうなってるのかな？

こんどの大阪の方はすごい奇跡が起こるんでしょうね・・・

じつは、ちょっとてらさんに、報告したくてメールしてます。ず～っとまえにてらさんに、「○月のほしいものリスト」をメールにして、送ったんです。

∨①収入ＵＰ！　月25万円！

これが、具体的にかないそうです。じつは、この間のセミナーがとても好評で、「とてもわかりやすい」「こんな風に説明してくれたら分かるのに」と言われてしまいました！（う、うれしい・・）実は、「完全な業績」っていうのをイメージしてました・・・

何人かのの受講生から、会社でセミナーをやってほしい、と依頼されました。セミナーの次の日その中の一人からメールがあり、セミナーをやってほしい、と言われました。しかも、「私もこれまでいろいろな研修を受けてきましたが今までの中では最高の研修でした。」という内容が書いてありました！　しかも！この受講生のかたは、（3日間研修だったんですが）そのなかで一番キムズカシイ感じのかただったので、ちょっとやりにくいなあと思っていました。（講習中いなくなったり、イライラしていたり）でも夜寝る前にイメージしていました。そうしたら。その方から依頼されてしまいました！　なんだか、とてもうれしかったです！

＞②イメージがわくわく！勝手に・・・。

イメージが確実になってきてます・・・。

＞③安心感（自信がつく）

潜在意識で思ったこと・・・みたり、かんじたり、きいたりしたものは、現実になると確信してきてます。最近、「眠りながら成功する」を買って読んでます！　この本を見つけた時もすごいんですけど、省略（笑）

＞④ピアノをおしえていることもにたのしさ、を伝えられる。おしえられる。↓できそう・・・。

出来てきてます。いつもその子のお母さまが一緒に来ていたのですが、この間のレッスンの時から急に「〇〇はわたしがいると甘えて集中しないので、これからよろしくおねがいします」と言われ、1対1で教えられるようになったので、（といってもお母さんがいるとやりにくいってことはないんだけど・・・1対1の方がやりやすいなあ、とは思っていました）もっと自由に楽しく教えられる環境になりました。意外にもその子はお母さんがいないと集中するのにびっくりした・・・。

＞⑤ピアノぐんぐんおもしろくなってのびる。自分がおどろくほど・・・。
＞⑥ピアノの先生に見込まれる。一番弟子になる。
＞⑦ピアノ自然に実力がついてくる。

最近、イメージがはっきりできるようになってきてから、ひらめきまくってます。（笑）先生にもすこ～し認められてきました。まだまだ奇跡は起こりそう、なので・・・。はやくてらさんに、報告したいなあ・・・

＞てらさん！　これらのリストが全部おもうとおりになって報告する日をわくわくしながら楽しみにしています！

いやあ、本当になりつつありますね～
てらさん、思ったことは、かなえたいことはすべてかなうんですね！

最近、てらさんにメールしたいのに、なんとなく出来なかったんです。
メールできてよかった。

てらさん、奇跡のブラックホール、じゃなくてホワイトホール？ってあるんでしょうね
（笑）

てらさん、ありがとう・・・

アッシー君ができた ［さなぎ］

てらさん こんばんは！

地球の裏側のさなぎです。

今日、一つ、ちょっとした奇跡が起こりました。長くなりますが、読んでやって下さい。できればコメントいただけると嬉しいです。

実は昨年の12月から週に一回、ある精神科医のやっている、グループセラピーに通ってるんです。会場はその精神科医が作ったちょっとスピリチャルがかった主に貧しい人のためのコミュニティー内。スラムの中にあります。

私は、抑うつ神経症の疑い、ってことで、とりあえず10回来るようにと言われました。これまで3回参加して、最初の2回は、そこを紹介してくれた友人に車で連れて行ってもらっていたのですが、心配してくれてるとは言え、毎回付き合うわけにもいかず、3度目からは道順を聞いて一人でバスに乗って通う事になりました（運転免許もってないんで）。

その3度目、昨年のクリスマス前ですが、見事に降りるバス停を間違え、道行く人に尋ね、間違った道を教えられながら（皆さん悪気はないんですよ）、30分も歩いてやっとたどり着きました（熱帯なので、外を歩くの大変なんです。すごくエネルギーを消耗します）。ただ歩くだけでなく、スラムなんで、足場が悪いし、どの道もよく似てるし、朝とは言え全く安全だとも限りません。帰りは先生の車で途中まで乗せてってもらったんですが、さて、今週。今日だったのですが、前回間違ったときのトラウマのせいで、昨日の朝から「あぁー。また間違ったらどうしよう、行きたくないなぁ。でもセラピー気持ちいいし、やっぱり行きたいよなぁ。あと7回もあるなぁ。（セラピーで）顔見知りになった人の中にうちの近所に住んでる人いないか、ダメ元で聞いてみようかなぁ。殆どの人は車で来てるから、もしもいれば乗せてって頼みたいなぁ…なんちゃって」なんて思ってたんです。寝る前、てらさんのテープを聞いてる時も、いつものように鬱病が直って幸せになってる自分をイメージしたかったのですが、明日ちゃんとたどり着けるかの心配ばかり浮かんできて全然集中できませんでした。

そして今朝、早めにかけておいた目覚しが鳴り、目覚めると雨。ひゃー、道がぬかるむぅ……憂うつで、ふてながら二度寝しました。が、30分後に目が覚め、雨が止んでいたので「しょうがない、行くとするか」とのろのろ起きだし、マンションの門の方へ行くと、すごく見覚えのあるおじいさんが立っていて、こちらを向いています。誰だっけ、と思いながら近づいて初めて彼がセラピーで見た人だとわかったときの恐ろしさったら…。震えましたよ。本当に。

（以下、その時の会話）
私：「あのぉ、セラピーでお会いしましたよねぇ。」
老人：「そうですねぇ。」
私：「ここにお住まいですか？」
老人：「えぇ」
私：「私もです。今日もセラピー行かれるんでしょう？」
老人：「えぇ、姪が車で連れてってくれるので、待ってるんですが遅れてます…」
私：「そうですか…、じゃ、失礼します。」←なんとなくそっけなかったので、乗せてって言えなかったんです。

老人：「あなたも行くんでしょう？」
私：「えぇ」
老人：「乗っていけばいいじゃないですか」
私：「いいんですか？」←心では「奇跡やっちゃったじゃーん!!」

で、次回以降も乗せてってくれる事になっちゃいました。(^_^)v

ここは、人口200万人のそれなりに大きな街なのに、こんな偶然あるでしょうか？　近所の人は欲しましたが、まさか同じマンションの人だなんて。

ふてて二度寝したのも、おじいさんの姪御さんが遅れてきたのも、潜在意識の仕業ですよねぇ。誰か車で連れてってくれー！と望んだのも、潜在意識がそのおじいさんが近くにいる事を知っていたのだと理解しています。

前回、新しいテープをお願いしたときに「てらさんに一言の欄」に以下のように書いたのですが、

>また少し落ち込みが戻って来てしまいました。
>毎晩、奇跡のテープで幸せ気分の自分をイメージしてるんですけど。
>何でうまくいかないんでしょう?
>まだまだスイスイ人生にはほど遠い私です

今日の事で、うまくいかない理由がわかりました。イメージングやつぶやきに力が入りすぎてたんですね。散在意識が体験を通して答えてくれたのでしょうか?

人生を変えてしまうような大きな出来事ではなかったにせよ、力を抜いて潜在意識に願望をインプットするコツをつかんだような気がします。本物の錬金術を知ってしまった、みたいな。そして、何でも思い通りにできるような気もしています。まさにワクワクしています。

また、なにかあったら報告させて下さい。
では。

さなぎ

「許す」ことで気分が楽に ［E］

はじめまして。
Eといいます。今日、「なっとくカンパ」してきました。本当に金額は少ないんですけどはじめの一歩です。ちょっと長くなってしまいましたが、なんだか書きたい気分です。

4〜5ヶ月ぐらい前に、いつも見に行っているアーティストのオフィシャルHPのBBSにてらさんのHPのURLを書込んでいる人がいたんです。そこにはたまに、そうしてHPが紹介されていることがありますがその全部をクリックする訳ではないので、それだけで既に呼ばれてるんですよね。そのアーティストはグループの時からもう15〜6年くらいファンなんですが彼の前向きなところが私達にPOWERをくれていたのですが、自分の心がけで何でもかなうなんて更にすごいと思って、まずは、寝る前に想像することからはじめました。

幸せな自分を考えているんですが、いまいち具体的な形が浮かばないので自分でも、何が一番幸せなのか良くわかっていないんだと思います。幸せな気分でいる自分しか想像できないんですけど、そのうちに、具体的に自分の幸せを想像できるのかなって思います。

でも、現実にはマイナスの感情ってふつふつと湧きあがってどうすることもできない場合が多いです。職場に、仕事をしない、できない人がいて私をいつもイライラさせています。その感情はなくすことができなかったんです。ある夜、ちょっとお酒が入っていましたが、とっても気分が良かった時てらさんのＨＰを見ていて、「許す」って言うのやってみたんです。

声にだして「あなた達を無罪にする」って。そうしたら、なんだか心に言葉がすっと入って涙かとまらなくなっちゃったんです。急に気分が楽になって、嫌な言葉がいっぱいだった気分が開けた感じがしました。嫌な気分はまったく消えてはいませんが、彼らに対しても今までとは違った接し方ができているんじゃないかと思います。

それから、本当に些細なことなんですが念じたことが叶っているんです。先出のアーティストのライブに行った時、前の席が空いていたんです。後ろの方だったし私は背が小さいので、開演後もその席の人が来なければ良いなぁと思って念じたんです。その席の人がもっと良い席でライブを見ることを。そうしたら、本当に来なかったんです。その後、横の席が空いてる時も同じ事がありました。同じ人のカウントダウンライブ、行ったんです。抽選で5万分の1万人だったのに行かれたんです。当たりますようにって南側からカウントダウンしているところを想像してたんです。そうしたら当たったチケット全部南だったたんです。そんなこと想像していたことを、すっかり忘れていたんですけど気付いたらやっぱりすごいことと思って。すばらしいと感謝しちゃいました。

人に話すと、笑われてしまいますが、でも、みんな潜在意識のおかげと思っています。「縁」なんだなぁと思います。私と、私の潜在意識と、あったかメールと・・・すてきな出会いをありがとうございます。

長くなってすみません。

これからもよろしくお願いします。

幸せ・繁栄・収入 ［S・S］

てらさんご無沙汰してます。Sです。

いやぁーセミナーのほうもご成功おめでとうございます。

さてさて、最近てらさんもお忙しそうなのでちょっとメールを控えていたんですが、ちょっと今日は出しちゃいますよ。

最近奇跡のテープを聞きながらイメージングをしていたんですがやっとコツがつかめてきたみたいです。本当に結果だけ（いままでイントロが長くて途中で気が散ってしまった）をイメージするようにしてみました。

今回のイメージのポイントは、
1．以前メールでお話した、実家の幸せ
2　仕事（塾講師）で評判がよくなり塾生も増え、塾も繁栄、私も臨時収入をいただいている（実際のお金というよりは成功の象徴として）でした。

で、結果として、

1．父親の病状もかなり回復ししつつあるようです。
もう少し体調が改善したら、仕事をはじめるつもりのようです。
先日電話したところ母親の声も弾んでいてなんかうまくいっているみたいです。

2．まだ教える技術としては自分で納得いってないんですが、
少しずつ塾生も増え始めています。
でもなんか先にお給料が上がっちゃいました。

ということで簡単にご報告でした。

ではでは。てらさんの活動がますます順調に進みますように。

今度は私もセミナーに参加したいです。
ではではまた良いことが起きたら報告します。

お祖母さんの永遠の眠り　［うーる］

こんにちは。うーるです。
その節は大変失礼いたしました。
先日、今までで一番大きな奇跡（？）が起こりました。

＝＝＝＝＝＝＝＝＝＝＝＝＝＝＝＝＝＝＝＝＝＝＝＝＝＝＝＝＝＝

10月19日に同居の祖母（83才）が脳梗塞で倒れました。長いことリウマチで苦しみ、祖父が今年の6月に亡くなってから急激にボケが進んでいたため、退院できても長期の介護が必要になるだろうと誰もが言い、母も覚悟をしていました。「リウマチは死ななきゃ治らない。早く死にたい」と言っていたことを思い出し、私は祖母が痛みや苦しみのない幸せなところへ行けるよう祈ることにしました。

21日の朝、病院へ行って来た母の話によると、祖母は回復し、もう夜通し付き添わなくても大丈夫じゃないか、ということでした。祈ったこととは違う結果になったものの、その時の私はがっかりしたり、喜ぶこともなく、「そうか。」と思っただけでした。苦しんでいないのなら良かった、と妙に落ち着いていたような気がします。

ところが昼頃、祖母についていた親戚から「祖母の容態が悪化した」との電話が入り、家族の者は病院へ急ぎ、私は一人店番をしながら連絡を待つことになりました。とっさに「天が動いた!」と思い、異常にドキドキする心を落ち着かせ、椅子に座って目を閉じてイメージを始めました。

場所は病院・・・・

医師や看護婦、家族、親戚に囲まれ、祖母がベッドで眠っている。病室の隅に光りのトンネルの入り口が出来て、そこから亡くなった祖父が現れ、ベッドの脇に立ち、祖母の手をとり、笑顔で「おばちゃん、迎えにきたよ。」と言う。半透明状態の祖母の魂が、痛みや苦しみの残る肉体から離れて起きあがり、祖父と共に、もと来た光りのトンネルを通って行く。しばらく行くと川にかかる橋が見えてきて、橋の向こうには綺麗な花畑があって、靄の中に神とともに、亡くなった人達の幸せそうな姿が見える。私は祖父母とあまり話すことがなかったため、孫らしく接することができなかったことを詫びたくて、橋の手前で彼らを呼び止め、謝った。

彼らは笑顔で「いいよ。」と許してくれた。そして時々振り返っては手を振りながら橋を渡って行き、花畑の中に消えていった。涙が溢れて止まらなかった。嬉しいのか、悲しいのかよくわからないまま、私は泣きながら彼らに手を振っていた・・・。

そこで電話の呼び出し音で現実に戻りました。母からで「もうダメだから、戸締まりして病院へ来なさい。」とのことでした。祖母は眠っているような穏やかな表情のまま、午後1：50、亡くなりました。

医師によると、死因は脳梗塞ではなくて、心臓にあった大動脈瘤だったそうです。それには驚きでした。心臓が悪かったなんて誰一人知らなかったのです。（これも天が?・?・?）

実は、私は神に感謝しながらも、内心「これで良かったのだろうか？」と不安になっていました。全快し、リウマチも治った祖母をイメージすべきではなかったか。私は祖母の死を願った、つまり殺してしまったことになるんじゃないかと。

でも、その悪い考えもすぐに消えました。親戚、弔問客、お坊さんまで、来る人ほとんどが祖父母の亡くなり方（？）をうらやましがっていたからです。「夫をしっかり見送ってから後を追うとは妻の鑑だ」「子孝行」「おじいちゃんに呼ばれたんだね」等々。

これらを聞いて、「ああ、やっぱり良かったんだ。」と思い直し、改めて天に感謝しました。

＝＝＝＝＝＝＝＝＝＝＝＝＝＝＝＝＝＝＝＝＝＝＝＝＝＝＝＝＝＝＝＝＝＝

・・・・・なんだか書いてみると、作り話みたいですね。

今回のことは一生の想い出になりそうです。この先の励みにもなるでしょう。成就のコツは、まさに「感動の先取り」ですね！　本当にそう思いました。

母方の祖母（94才）はあれから回復し、退院したものの、最近また入院し、今度は本当に最期だろうと言われながら、また驚異的な回復力をみせています。母方の祖母に対しては、私は回復というよりは、「幸せ」を願っています。子供達（叔父、叔母）は、ただ呆れていますけど。

長くなりましたが、読んで下さってありがとうございました。
ただ、報告したかっただけなので、返信の必要はありません。
お忙しいところ、ありがとうございました。

うーる

不思議なくらいすーっと実現 ［さよ］

てらさん、こんにちは。さよ@ぼさつ79号です。

先日は、またあったかメールに載せていただいてありがとうございました。

あのあと、・・・つまり、結婚もしたいけど、やりたいことはそれだけじゃないって気がついてから、不思議なくらい、いろんな変化がありました。

1　眉のアートメイクに挑戦しました。

どうも自分の顔が垢抜けないのは、ひとつには眉の形にあると思っていたのですが、行きつけの美容室で最近眉のアートメイク（洗っても落ちない眉！）を始めたということで、やってみたいけど、暇がないし・・・なんて思っていたらなぜか時間が取れて、ついに挑戦しました。メチャクチャに痛かったけど、顔の変化にはびっくり。おしゃれな友人にも、「・・・？　・・・なんかきれいになったみたい・・・？」って言われて、とても自信がつきました。

その自信の延長で（？）爪のお手入れ道具や、顔のたるみを引き締める（！）ホームエステの道具を買っちゃいました。今まで興味はあってもやるところまでいかなかったのですが、自信がついたのと、たまたまいい道具を見つけて・・・！　人はあんまり気がつかないかもしれないけど、自分で自分がきれいになっていってるのが感じられて、とてもうれしいのです。

2　英会話でレベルアップできました。
もう半年以上習っている英会話。インストラクターの推薦状がもらえると、ひとつ上のクラスへのレベルアップテストを受けることができます。以前はレベルアップすることを「必死で」イメージしたりもしていたんですがそのときはかなわず、最近は「積極的に楽しもう！」というノリで、気楽に習っていました。その日も、積極的なのはいいけどまちがってばかりで、「こりゃあ、レベルアップはまだまだかもね。ま、いいか！」と思っていたら「Ｃｏｎｇｕｒａｔｕｌａｔｉｏｎｓ！　Ｔｈｉｓ　ｉｓ　ｆｏｒ　ｙｏｕ！」って、推薦状を手渡されてもううれしいやらびっくりするやら・・・。テストも合格し、次からは念願のひとつ上のクラスでのレッスンです。

3　職場で評価されました。

職場で評価されることは、以前からイメージしていましたが、これも、「必死で」イメージしているうちはあんまりぱっとしなかったんです。でもなぜか1月になってから、ほめられることが増えて・・・。先日は結果がはっきりとした数字で出る機会があって、わたしの成績が抜群だったんです。うれしかった・・・。

4　人に対して積極的になってきました。

いい年して人見知りで、職場でも、同じ部屋の人とはいいけれど、それ以外の同僚は遠い存在に思えていました。でも最近は、機会があればこっちから自然に話し掛けることができるようになって、なぜかほかの人からも声をかけられることが増えたのです。ちょっと嫌われているかなと思っていた先輩と冗談話ができたり、あまり親しくできていなかった後輩から、相談事を持ちかけられたり・・・。しかも、それが、劇的にジャジャーン!!と起こるのではなくて、自然にすーっとできるんです。あんなに越えられなかった壁なのに。

・・・というふうに、あれこれをここ1ヶ月で経験して、自分なりに思ったことは・・・

＊なりたい姿をひたすらイメージする時期があって、そのあと、あまりイメージすることに気乗りしない時期があって、イメージすることを忘れて日常の仕事などに打ち込んでいると、すーっと実現する。

・・・ということです。たぶんこれは初心者バージョンだと思います。こうして実現することを経験して実感できると、あとはいわゆるスイスイモードに入ってらく～な気持ちで奇跡を引き寄せてしまえるのだと思います。

わたしも、ちょっとそうなれたかな？なんてひとりほくそえんでおります（笑）だって、理想の彼と巡り合うのはまだこれからなんですが、このごろ周囲の人が「このごろ生き生きしてるけど、実は彼ができたんじゃないの？」なんて、探りをいれてくるんです（笑）周りの人が奇跡の先取りをしてくれてるみたいでしょ？

てらこやに入りたての頃、なりたい自分の姿として書き出したものを読み返してみると、上に書いたようなことなんです。もうほとんど実現しています。すご～いことが、すーっとしぜ～んに起こる・・・これなんですね～。

てらさんやおてつだいさんのおかげです。ほんとにありがとうございます。

長くなりましたがぜひご報告したかったので・・・。

これからもどうぞよろしくおねがいします☆

さよ@ぼさつ79号

力を抜いてスイスイ　[まれみ]

まれみ@ぼさつ32号です。

お久しぶりです。近況をご報告したくなりました。返信は不要ですので、ちょっとだけ。

今朝、いままでの日記をぺらぺらめくってみて、驚きました。

自分の変化に。

昔の私は「頑張って」いたなあ・・・って。そのくせ、「また食べちゃった」とか「眠くてしょうがない」とかグチばっかり書いているんですよ。

なんか、別人のようです。

最近の私は絶好調です。毎朝ぱっと目がさめるし。食べ過ぎることもなく、ちょうどいい体調を保っています。夜遅くまで活動していても、元気です。便秘もなおり、めったに風邪もひかなくなって、疲れたときはぐっすりねれば、すぐに熱もひきます。

映画の学校は楽しいし、仕事も順調。そのスイスイぶりは同居人も驚いています。

そればかりか、私のスイスイモードが周りの人にも波及しはじめています。同居人はもちろんのこと、映画の撮影に参加した会社の同僚は、「自分が若いことを発見した」といってくれました。ある友人は私のアドバイスで再就職にチャレンジしています。また別の友人は「イメトレ、やってみるよ」といってくれました。

とくに、映画学校に入れてよかったって、ほんとうに感謝しています。去年の今頃は、自分がこんなことをしているとは思わなかった。

大学生のときはシナリオが作れるとも思っていなかったし、自分が人を動かして映画を作るなんて、そんなパワーはないなあと思っていました。

それがいまや、みんなに頼られながら、映画作りをしきっているなんて・・・

なんだかわからないけど、感謝、感謝です。

それと、いろんな偶然（シンクロニシティ）が毎日のようにおこっています。人に話すと驚かれるけど、私はあんまり多いんで、ぜんぜん驚かなくなりました。あ、またかって感じです。

とっても毎日が楽しいです。

あったかメールを読んでいる方も、てらこやのみなさんも、力を抜いてスイスイいけますように・・・

また、てらさんの夢がかないますように。

娘の職場関係の改善　［K・T］

お忙しいところを、いつも返信いただきまして、本当にありがとうございます。

娘（26才）にいよいよ奇跡が発現しました。ご報告できることを嬉しく思います。もともと私の影響を受けて、時々起きてはいたのですが、彼女自ら起こしたのは「奇跡のテープ」のおかげです。ありがとうございました。

今年の4月から配転により新しく就いた上司とうまく行っていなくて、かなりストレスを溜めていたのですが、テープの誘導にあわせて、上司とうまく行っている場面をイメージする様にしたところ、4日目に職場の同僚全員と意見交換の機会が出来、上司との関係、特にお互いの勝手な思いこみが氷解したと言って、喜んで帰ってきました。娘に代わってご報告と、御礼を申し上げます。

近い内に、息子（24才）、妻（52才）にも奇跡が起きることをイメージしています。この二人が、それぞれ何をイメージしているかは、私は未だ知りません。老母（82才）にもと思っていますが、しばらくは無理な状況かも知れません。

老母は月初めから入院しておりまして、明日簡単な手術があります。暫くメールを書く暇がとれないかも知れません。また、他の方々への貴重な時間を割いていただいて、申し訳ありません。

今後は、もっと間を空けて頂いて、結構です。

苦悩している方々へ、存分の対応をして上げて下さい。

渡米の夢が叶った　[まさよ]

てらさんはじめまして。

ふとしたことからてらさんのメルマガを見つけて購読しはじめました。そして初めて潜在意識の法則を知りました。まず「マーフィーの100の成功法則」を買い先日「マーフィー眠りながら巨富を得る」を買って毎日少しずつ読んでいます。

おかげで実現したことはたくさんあります。その中でも一番大きかったことを話したいと思います。私は一昨年の夏にアメリカでホームステイをしたのですが、そのときの最終日の帰りの空港で、「絶対にまたホストファミリーに会いに来るんだ。」と心の中で思っていました。それが一年半たった今年の2月についに実現することになりました。(2月いっぱいは学校が自由登校なので、2月2日から2月26日までホストファミリーに会いに再びアメリカに行けることになりました。)

実はこの当時は潜在意識の法則については知らなかったのですが、今思えばこのときは無意識に潜在意識の法則を使っていたのだと思います。いつも、ホストファミリーと一緒にいていろいろしているところを想像したりしてました。そのことを考えているときはまるで実現したかのように楽しく、わくわくしていました。

その後、潜在意識の法則のことを知って、なるほどと思いました。これまでにも思い当たることが結構あったからです。そして、潜在意識の法則について知ることができた今、このテープがあればよりいっそう願いが叶いやすくなるかなと思いメールしました。2月にはアメリカなので、その前になるべくはやく送っていただけたら嬉しいです。

よろしくお願いします**m(u_u)m**

****

てらさん、こんばんは。まさよです。2月1日のあったかメールに私のアメリカ行きの話を載せていただいてありがとうございました。ちょうど出発の前日だったんですよ。その次の日にはアメリカに旅立ってました。そして今回メールしたのはその後さらにおっきな奇跡が起きたからなんです!!

結果から言ってしまうと、なんと。。。

『今度アメリカに住むことになりました――――!!!!O(≧▽≦)O』

帰国する日の前日の夜にみんなで話していて、そのときホストマザーが「今度来るときはもっと長くいてほしい、一年かそれ以上」と言ってて、ホストファミリーは後一年半くらいでイリノイ州に引っ越すんですけど、「イリノイに引っ越してもまた来ていいよ」って言われて、そのあとに「You can live with us」って言ってくれたんです!!!私の両親が「いい」って言いさえすればということで。。。

それで日本に帰って親に聞いたら(聞く前から分かっていたんですが)予想通り「私が本当に行きたければいい」と言ってくれました。そのあとも一緒に住めることが信じられなくてICQでしゃべったときにもう一回聞いたら「YES!!!! how many times do we have to tell u ?」と言われてしまいました（笑）

でも、その前に4月からは専門学校に行くことがもう決まっているので専門学校を卒業してから行くつもりです。つまり2年後なんです!!　それで専門学校ではプログラミングを勉強すると言ったらシカゴにはコンピューター関係の仕事がいっぱいあるよと言われました。そこで就職してもいいし、学校に通ってもいいとも言われたんですけど、学校はもう日本で専門学校に行くのが決まってるし、就職は、私自分で会社設立するつもりなので。。。最初は英語の勉強ということで近くの英語勉強できるようなところに通いながら生活して、（アメリカではいろんなところに無料で英語勉強できる場所があるって聞いたことがあるので）そしてできたら向こうで会社設立!!というのが今のところの目標です！　いい会社があったら就職してもいいんですけど。

あと免許もアメリカで取るつもりです！　アメリカの方が簡単&安いので。それにこれから2年間はどうせ専門学校で車に乗る機会自体ほとんどないと思うので今取っちゃうとペーパードライバーになりそうだから日本では取るつもりはないんです。。。でも、アメリカでは車がないとどこにも行けないですからね。

ということでこれが私のおっきな奇跡です!!

前からなんとなく海外で仕事したいなと思ってたんです。それがこんなにも早く住む場所が決まりました！　それもホストファミリーと一緒に住めるなんて!!（私専用の部屋もあるらしいです）一気に夢が二つ叶ってるんです!!　どんな仕事につくかはまだ具体的には分からないんですがそれも潜在意識に任せれば私にとってそして周りにとって最高の仕事が見つかると気楽に考えてます。

最後に「夢が叶ったー！」ってホストマザーに言ったときに言われた言葉を。
『good things come to those who wait.』
これってまさに潜在意識の法則のことじゃないでしょうか？

それでは、また奇跡が起きたら報告しますね。

ハワイ旅行に当たる 【桜】

実はこの間てらさんにメールした時は結構(とても)落ち込んでいたのです。でも落ち込みっぱなしでも良く無いと思い「相手を自由に・・・」「何でも可能」と念仏のように唱えてここ数日間過ごしました。

驚きました。

おちこんだ経緯から話すと一月に休暇を取ろうと思っていますがなかなか、飛行機の空席と安いチケットと私の休みと折り合わず(ここはチケットが高く、「格安・・・」などは夢のまた夢です。)「リラックスできる休暇は欲しいし、チケットは高いし・・・」なんて。
自分の思うような条件のものが見つかりませんでした。

仕事も壁があったり、皆「クリスマス休暇」「年末年始休暇」で楽しそうなところを横目で見ながら「何故私は私の条件があったものが見つからない?・?・?・」なんて余計落ち込んでいました。

でもふと一週間くらい前に「これは私に何か用意されているのでは?・?・」なんて気づきました。それからはとりあえず私からは「こういうふうにしたい」なんていう圧力(気持ち)はかけませんでした。

そして今日、会社のクリスマスパーティがありました。香港・アメリカ・東京・パリという4ヶ所の「お楽しみ抽選会」がありました。4ヶ所とも私はあたりませんでした。「そうか、もう少し待つんだな」と放っておきました。そして・・・。その後にGM(ゼネラルマネジャー)が「ではもう一つアメリカどこでもよし、というのを出そう。ニューヨーク、サンフランシスコ、ハワイ、何所でも可。」

ご推測の通り、大当たり!!でした。

本当に驚きました。(^_^;)

実はインターネットでてらさんHPを見ているのですが読んでもすぐ忘れてしまうので

（スミマセン^^;）「ホーム」に設定しました。そして確実に（?）覚えてから次のステップに変えるというのを始めました。これはここ3週間くらいです。

「全ては上手くいく」
「相手を自由に、自分も自由に」

全ての人にこういった考えが広まりますように。
そして全ての人が幸せに生活できますように。
なんだかまだボーッとしていて支離滅裂なメールでスミマセン。（^_^;）

****

休暇で日本経由ハワイにいっており、昨晩戻ってきました。両親の旅行の手配に追われていてすっかりご連絡するのを忘れて出発してしまいました。本当にお騒がせして申し訳ありませんでした。

おかげさまで去年のクリスマスパーティで当たった「アメリカ行き&ホテル3泊チケット」にプラスアルファをし両親をハワイ島に連れて行く事が出来ました。なぜハワイだったかと言うと母の「暖かいところがいい」というリクエストにより決まりました。

出発前には成田空港で両親に「すごくいい旅行だった、ありがとう」と言われているところを想像し準備していました。・・・・そのくせ、皆さんにご連絡せず出発してしまうなんて。本当にスミマセンでした。

^_^;

そしてそのとおりに成田空港で両親を送り出し（リムジンバスに乗せ）

私は夜のフライトで戻ってきました。

奇跡が起きてるんじゃない！　［ｂｕｎ］

ｂｕｎでーす

てらさぁ～～ん！、きのうはすばらしい時間をありがとうございました。
ほんとにモォ～、フツウのおっさんなんだからぁ（失礼！しましたっ）でも！でも！でも！でも！でも！そんなてらさんだからこそ！スバラシイ！、ほんと！だいすきです！

潜在意識っていうくらいだから奥ふかーいところにあって、それぞれすべてとつながっているんでしょうが、オフ会はまさに、潜在意識が開放されちゃった～～という程の盛り上がりでしたね！　それぞれがほとんど初対面だったなんて、知らない人がみたら、一体信じるでしょうか！？！？！、知らぬ間に1時間近くも延長しちゃっておまけに、大阪駅では解散の輪がいつまでも途切れませんでしたね！（てらさんちゃんと帰れたかなぁー、あ、あったかメールきたきた（^-^））

てらさんには個人面談を申し込んでいたんですが、オフ会場まで歩きながらの個人面談になりました。というよりも、兄貴に相談にのってもらいながらいっぱい飲みに行くって感じで、それがまたよかったです。てらさんに相談しながら、ひとつひとつ、自分で答えをだしていってる自分に気付きました。なんの抵抗も無くスーッと、心が楽になりました。

「奇跡起きてるじゃない！」っててらさんにいわれてハッとしました。

自分のなかにあった、シコリみたいなのが、だ〜いぶ遠慮して、隅っこのほうにいっているなぁとまたまたイメージに出てきました。（消えちゃえ）そして、夕方賑わう駅の人ごみでで、てらさんと抱き合っちゃいました。

「もう大丈夫だ！　すべてはうまくいく！」・・・・・・どんなに本を読んでも、決心して取り組んでも、あちこち話を聞きにいっても消化しきれなかったこの言葉が、自分のなかに自然に広がっていきました。もう大丈夫です。いま、私は私自身を十分信頼しているのです。あとは、すいすいと生きるだけです。もう大丈夫です。泣いたり怒ったり悲しんだりすることもあるかもしれませんが、すべて良いことの前兆だと受け入れ体制がある自分にも気付いています。

ほんとうにみなさんと、魂を開放して触れ合えたと感じまくってます！　きれいごとも、疎外感も、体裁やなんかも、「なにそれ?」って感じですばらしい3時間でした。ありがとう、てらさん！　みなさん！　また、よろしく！、また、やりましょう！、なんでもやりまっせー！

あれ？　セミナー自体の感想、ナニモ書いてないジブンを発見っ！

あったかメールファンの一人として、予想通りのあったかセミナーでした！（でも、ウラバナシとかナマのてらさん（またまた失礼）からしか伝わってこない、たくさんのあたたかさを感じました。今後も参加者がどんどん増えると確信しました）

てらさん!!　昨夜は寝る前に潜在意識に自分の道を問いかけて寝ました。午前4時ごろ目が覚めて、何も夢とか、でないなぁと思ってフトンに戻りましたが、朝目覚める寸前にでてきました。いまと全く同じ仕事を、ちょちょいのちょいとやっている自分でした。（私の場合、明け方が多いようです）すっきり目覚めて、ふっきれていました。

そして、朝一番でお客サンの所へいきました。家を売りたいとのご相談をいただいてたおばあちゃんです。

専任で私が引き受けることになりました。（すごいでしょ）（店を移転して6ヶ月、やっとやっとの依頼です）

そしてそのおばあちゃんは不動明王さんを信仰してるようなのですが2時間ほど話し込んでしまい、2点ほど「ほほう」と関心してしまいました。

ひとつは、「真理は手をあわせること、これだけよ」・・・

ううむ、真理を追究・探求する人が多い中、さらりといってのける　おばあちゃん…すごいなぁ、でも、きっとそうなんだ！と素直に思いました。

それと、「自分にわからないことがあったら、お不動さんに手を合わせて聞いてみたらよろしいよ、夢で教えてくれるよ」・・・と、

おお、まさに、潜在意識にきくということを、このおばちゃんは、自然にやってこられたんだなぁ…、きのう、てらさんに言われたことと一緒だ！とびっくりしました。（そのとおり！）でも、起こるべくしての奇跡ですね！

てらさんからメールでアドバイスをいただいた↓心に奇跡が起きた↓でもシコリはまだ感じてた↓てらさんにセミナーで会えた↓心のシコリが小さくなり始めた↓心の奇跡を実感した↓良いことが起こりはじめた↓「もう大丈夫だ」がますます確信できた↓どこまでいってまうねん（爆）

てらさん、みなさん、ありがとう！

合掌

あとがき

この本は、沢山の方の愛によって生れました。

数ヶ月前、わたしが「出版」を口にした時には何のあてもありませんでした。それが、東京セミナーに出席していただいたストアーズ社の社長さんから「是非、うちから出版を」と申し出ていただきました。実務的な話で専務さんとお会いした時にも「利益を度外視しても」というお言葉をいただき、感激しました。

あったかメールの読者や、てらこや成功塾のぼさつさんなどから「本が出たら必ず買う。人にも薦める」というあたたかいメールも沢山いただきました。出版費用捻出のための「ミリオン・クラブ」にもカンパが続々と寄せられています。

みなさん、本当にありがとうございました。

そして、この本を手にしていただいたあなたに心から感謝をいたします。

サラリーマンのてらさんにとって本の執筆は大変な苦痛の連続でしたが、このようなみなさんの愛がここに集合して完成された、ということを感じざるを得ません。

今朝、わたしはそれらの愛を思い、自然と涙が出てきました。

このてらさんのこころの奇跡が、あなたの現実の奇跡に結びつきますように。

世界中の人が幸せになりますように。

合掌

平成10年3月20日

てらさん、こと寺田豊

著者紹介＝寺田豊（てらさん）
1948年生まれ。サラリーマン。自ら人生に苦しんだ経験からホームページ上で潜在意識の法則をわかりやすく説明し、実践するテクニックを公開して沢山の人を幸せにしています。メールでの悩み相談・メールのやり取りで成功しようという「てらこや成功塾」・それらの実例などをメールで紹介する「てらさんのあったかメール」・聞いた人から奇跡の報告が続々と届いています「奇跡のテープ」など、ボランティア活動を精力的に展開しています。

奇跡の本 …あなたが奇跡に震えるとき 〈検印廃止〉

平成12年6月10日 初版発行 1,500円（本体1,429円）

著 者 寺田 豊
発行者 中村美濃

発行所 ㈱ストアーズ社
東京都中央区銀座8-9-6
銀座第2ワールドビル
電話 03(3572)1500 FAX 03(3572)1571

制 作 ㈱アド・ストアーズ社

印刷・三晃印刷 乱丁・落丁はお取り替えいたします

ISBN4-915293-24-6 C0036 ¥1429E